乡镇（街道）社工站实务丛书

社工站
救助社会工作
怎么做

孙建娥　冯元／主编

中国社会出版社
国家一级出版社·全国百佳图书出版单位

图书在版编目（CIP）数据

社工站救助社会工作怎么做 / 孙建娥，冯元主编 . 北京 ：中国社会出版社，2024. 7. --（乡镇（街道）社工站实务丛书 / 李淼林主编）. -- ISBN 978-7-5087-7022-2

Ⅰ. D632.1

中国国家版本馆 CIP 数据核字第 2024BS0908 号

社工站救助社会工作怎么做

出 版 人： 程　伛
丛书策划： 王　前　李淼林
终 审 人： 王　前
责任编辑： 刘云燕
装帧设计： 尹　帅
出版发行： 中国社会出版社
（北京市西城区二龙路甲 33 号　邮编 100032）
印刷装订： 河北鑫兆源印刷有限公司
版　　次： 2024 年 7 月第 1 版
印　　次： 2024 年 7 月第 1 次印刷
开　　本： 170mm × 240mm　1/16
字　　数： 220 千字
印　　张： 14
定　　价： 48.00 元

丛书前言

2006年10月，党的十六届六中全会首次对构建社会主义和谐社会作出全面部署。党的十八大以来，以习近平同志为核心的党中央从党和人民事业发展的角度出发，进一步对社会建设作出了一系列重要论述和重大部署，将社会建设提到了前所未有的高度。社会建设工作是直接服务群众的工作，与群众冷暖息息相关，是我们党人民立场、人民情怀的集中体现。社会建设应坚持服务为先，以保障和改善民生为重点，着力解决人民最关心、最直接、最现实的利益问题。其中，加强和创新社会治理是社会建设的时代课题，是国家治理体系和治理能力现代化的重要内容。

民政部门履行基本民生保障、基层社会治理、基本社会服务等职责。民政工作关系民生、连着民心，是社会建设的兜底性、基础性工作，是国家治理体系和治理能力建设的重要基石。随着社会建设水平的不断提高，民政服务领域不断拓展、民政服务对象持续增加、民政服务诉求日益多元，民政部门迫切需要一支强有力的基层民政服务力量来回应民政服务对象日益增长的美好生活需要。然而，不同于教育、卫健等部门已在基层设立了专门的服务机构、配备了专业技术人员，民政部门长期缺乏专门的基层民政服务专业技术人才和机构。

1987年，民政部在北京马甸举办“中国社会工作教育发展论证会”（学界称“马甸会议”），邀请原国家教育委员会、原人事部、原劳动部等政府部门，以及社会学与社会工作的专家、学者参与讨论，明确将社会工作专业作为民政工作的学科支撑。随后，民政部大力支持北京大学等高校恢复社会工作专业，并陆续出台社会工作者职业水平评价办法、民政事业单位社会工作专业技术岗位设置办法等系列政策文件，推动社会工作专业力量成为民政工作的专业技术人才。但受限于政府机构改革背景下机构编制和人员编制只减不增的红线，在体制内增设社会工作服务机构和社会工作专业技术岗位的尝试步履维艰。

2017年初，为着力破解基层服务能力不足这一长期制约民政事业高质量发展的痼疾，民政部将加强基层民政工作作为贯穿全年的重点任务，通过抓住和“解剖”乡镇这个“点”，查找乡镇民政工作存在的薄弱环节和突出问题，总结各地在实际工作中创造出的好经验好做法，探索可做到、可推广和可持续的长效机制。为深入贯彻落实民政部关于加强基层民政服务能力的工作部署，广东、湖南等地先后通过政府直聘社会工作者、政府购买社会工作服务等方式，开展乡镇（街道）社工站建设，配备一支专业社会工作人才队伍扎根基层一线提供服务，有力地充实了基层民政服务力量，提升了基层民政服务水平，使基层民政力量薄弱这一老大难问题得到了根本性缓解，为各地提供了示范和参考。

2020年10月，民政部在湖南长沙召开“加强乡镇（街道）社会工作人才队伍建设推进会”。会上，时任民政部党组书记、部长李纪恒高度肯定了广东、湖南等地通过建设乡镇（街道）社工站加强基层民政能力建设的做法，要求各地因地制宜、分类推进，全面开展乡镇（街道）社工站建设。2021年4月，民政部办公厅印发《关于加快乡镇（街道）社工站建设的通知》（民办函〔2021〕20号），进一步要求各地加紧制定政策，将乡镇（街道）社工站建设纳入民政重点工作；加强资金保障，统筹社会救助、养老服务、儿童福利、社区建设、社会事务等领域政府购买服务资金及彩票公益金中用于老年人、残疾人、儿童和社会公益等支出资金，优先用于购买乡镇（街道）社会工作服务；把握推进步骤，抓紧制定时间表和路线图，争取“十四五”期间实现乡镇（街道）社工站全覆盖。在民政部的统一部署下，各地社工站建设全面推进。截至2023年1月，全国已建成社工站2.9万个，7万名社会工作者驻站开展服务，总覆盖率达78%，其中8个省份已实现全覆盖，16个省份覆盖率超80%。

乡镇（街道）社工站迅速成为中央和地方各级各部门推进社会建设的重要抓手。党中央、国务院先后在基层治理、乡村振兴等多项国家发展规划中对社工站建设进行了部署，民政部将社工站建设纳入兜底民生和民政事业改革统筹安排，地方政府将社工站建设纳入党委政府民生实事重点工程。乡镇（街道）社工站建设的重要意义包括但不限于以下三个方面：首先，它为民政部门配备了一支与本部门专业对口、由本部门业务管理的基层社会工作专业技术人才队伍。这支队伍不论在数量上，还是在年龄、学历、综合能力、专业素养和工作热情上，都具备较大的优势，为基层民政服务奠定了坚实的组织和人才基础，为民政事业的转型升级和高质量发展提供了人才支撑。其次，它搭建了一个民生服务综合平台。乡镇（街道）社工站从乡镇（街道）层面对辖区内已有服务阵地进行整合和盘活，对村居的兼职民政工作人员、村医、村小教师等已有服务力量进行增能培力，并通过链接各级民政部门、其他各级政府部门资源以及社会慈善力量，因地制宜推动民生服务系统化、专业化发展。最后，乡镇（街道）社工站以服务特定困难人群为切入点，通过联动各方服务特定困难人群的这一过程，撬动社区内外各类资源，调动社区内外各方力量，激发基层社会治理活力，激活社区内生动力，逐渐形成一套社区自我服务机制，创新和完善了基层治理体系。

实践表明，乡镇（街道）社工站建设是一个从调研论证，到顶层设计、项目动员、政府采购、启动实施、项目监管、专业支持及经验成效总结，循环往复发展的过程。这一过程不仅需要省、市、县、乡四级民政部门上下联动、密切配合，也离不开各级财政、人社、组织、审计等相关部门的通力合作、无缝对接，离不开省级项目办、市级指导中心、县市区社工总站的鼎力协助、专业支持，尤其离不开项目承接机构和站点一线社工的积极投身、倾力建设。建设过程延续，建设主体多元，建设内容多样，加之这是一项创新性的工作，各建设主体的参与意识、能力和经验不一，建设成效参差不齐。从各地实际来看，乡镇（街道）社工站建设中普遍存在体制机制不完善、项目承接机构行政和服务管理经验缺乏、站点一线社工专业知识和技能不足等问题，严重制约着乡镇（街道）社工站作用的进一步发挥。

为此，中国社会出版社组织高校社会工作学者和资深社会工作实务工作者，编写了“乡镇（街道）社工站实务丛书”，以期为乡镇（街道）社工站各建设主体持续深入推进社工站建设提供实操指引。本丛书以先行先试地区的经验和案例为蓝本，从乡镇（街道）社工站建设的宏观、中观和微观层面展开详细论述。其中，宏观层面讨论了如何建立健全乡镇（街道）社工站的体制机制，中观层面讨论了如何开展乡镇（街道）社工站的人才培养、督导支持、项目设计、运营管理，微观层面讨论了乡镇（街道）社工站（点）如何提供社区、社会救助、儿童和老年人社会工作服务。

2023 年 3 月，党和国家机构改革，组建中央社会工作部，负责统筹推进党建引领基层治理，指导社会工作人才队伍建设。2024 年 7 月，党的二十届三中全会审议通过的《中共中央关于进一步全面深化改革 推进中国式现代化的决定》进一步作出部署，要“健全社会工作体制机制，加强党建引领基层治理，加强社会工作者队伍建设”。当前，乡镇（街道）社工站已然成为社会建设的重要抓手，丛书的出版既是对本土社会工作实务经验的阶段性总结，也为进一步做好乡镇（街道）社工站建设提供了指引。丛书在编写过程中得到了各分册撰写团队的大力支持，很多专家、学者及社会工作者对丛书的编写提出了宝贵建议，在此表示衷心感谢。乡镇（街道）社工站建设是一项正处于快速发展过程之中的开创性工作，限于编写人员的能力与水平，书中难免会有一些阐述不到位、不准确的地方，还请各位读者多多批评指正并提出宝贵建议。期待在大家的指导和帮助下，共同助力乡镇（街道）社工站更好更快地建设和发展。

目录

CONTENTS

第1章

如何认识社会救助工作

社会救助是党和政府保障基本民生的重要制度安排，事关困难群众衣食冷暖，事关社会和谐稳定和公平正义，在巩固脱贫攻坚成果和实现共同富裕战略中发挥着兜底性、基础性作用。过去，我国社会救助工作的主要方式是提供现金和实物，这导致救助方式单一、救助效果不明显，难以满足救助对象的差异性与多样化需求。在此背景下，2017 年民政部、财政部等四部门联合印发《关于积极推行政府购买服务 加强基层社会救助经办服务能力的意见》，2020 年中共中央办公厅、国务院办公厅印发《关于改革完善社会救助制度的意见》，各地开始积极推行政府购买服务，采取有力措施加强基层社会救助经办服务能力。由此，基层社工站驻站社会工作者成为充实基层社会救助经办服务的重要专业力量，社会救助也成为基层社工站驻站社会工作者的核心服务任务之一。本章将主要介绍社会救助的基本内涵和社会救助的执行主体。

第一节 什么是社会救助

一、“社会救助”一词的由来

“社会救助”一词的形成经历过几个阶段。20 世纪初，以“自助助人”为旗帜的社会工作在欧美各工业化国家蔚然成风，社会工作作为一门专业、一门学科已经获得了社会普遍认可。在实践中，欧美社会工作者又创造了个案工作、小组工作和社区工作三大工作方法。他们对贫困人口的工作，已经超出了传统社会救济“济贫”的范围，因而提出了“公共援助”（Public Aid）这一新概念。“公共援助”一词最早出现于 1909 年英国

“济贫法和济贫事业皇家委员会”的报告中。这个报告的主要政策建议是：废除以惩戒穷人为主要目的的《伊丽莎白济贫法》（1601 年），代之以合乎人道主义精神的公共援助。后来，“公共援助”又衍生出“社会救助”（Social Assistance）一词。[①]

二、我国社会救助发展简述

（一）新中国成立前的社会救助

我国古代劳动人民的智慧是伟大的，其“大同”思想与现在的社会救助在出发点上不谋而合。《礼记·大道之行也》中说道：“大道之行也，天下为公，选贤与能，讲信修睦。故人不独亲其亲，不独子其子，使老有所终，壮有所用，幼有所长，矜、寡、孤、独、废疾者皆有所养，男有分，女有归。”在封建社会，社会救助也是统治阶级用来抵抗天灾人祸、稳定社会秩序、彰显皇恩浩荡，从而巩固统治阶级地位的一种手段。在不同的时期，社会救助都有其独特的含义。

唐宋时期，由于频繁的战乱与自然灾害，使得统治阶级大力推行社会救助，帮扶处于水深火热之中的底层人民。唐宋时期的社会救助内容丰富、形式多样，形成了封建制度下社会救助的基本模式。[②]之后历朝历代的社会救助内容都是在唐宋时期的基础上不断更迭、完善的，救助对象大致可以分为灾民、困难群体与贫民。

1. 救助灾民

对灾民的救助是古代社会救助中最常见，也是最重要的工作。如唐贞观二年（628 年），唐太宗准设义仓储粮赈灾，“自是天下州县，始置义仓，每有饥馑，则开仓赈给。以至高宗、则天，数十年间，天下义仓不许杂用”（《旧唐书》卷四十九），反映了唐高宗时期政府对义仓的管理之严格，对救助灾民的决心之坚定。唐永隆元年（680 年），洛阳发生灾荒，官

---

① 米勇生．社会救助[M]．北京：中国社会出版社，2009：1.

② 胡柏翠，周良才．论唐宋时期的社会救助及其历史影响[J]．重庆职业技术学院学报，2004(3)：141.

仓粮食“减价官粜，以救饥人”（《新唐书》卷五十一），说明遇到了大饥荒政府也会开仓减价售米，以抑制米价飙升、稳定社会秩序。清代，康熙皇帝令常平仓留本州备赈，义仓、社仓留本村镇备赈，还多次令截漕粮赈济灾民等。

2. 救助鳏寡孤独

进入封建社会以后，社会逐渐出现了贫富差距。在贫富分化的情况下，由于家庭贫困和无依无靠而生活困难的老人逐渐增多，且尊老敬老是我们民族的传统美德①，所以汉代的社会救助制度规定，每年秋天地方官吏要统计户口，“年始七十者，授之王杖，餔之糜粥”（《后汉书·礼仪志》）。汉文帝初即位时，下令县道，“年八十以上，赐米人月一石，肉二十斤，酒五斗。其九十以上，又赐帛人二匹，絮三斤”（《汉书·文帝纪》），以确保年长者能饱食而不成为冻死骨。汉武帝、汉宣帝也多次赐鳏寡孤独布帛粟米。汉元帝还派人巡查存问鳏寡孤独失职的地方官吏，督查各地方官确保对年长者的救助不打折扣。

3. 救助贫民

在封建社会，底层贫民是需要救助的人群中数量最为庞大的群体，其所需花费的人力、物力、财力远远大于其他救助对象。即使这样，政府依旧没有放弃对贫民的救助。元世祖忽必烈采用汉法统治，多次下令发官仓赈济饥民，甚至还发给官钞。如至元十四年（1277 年）赈东平、济南等郡饥民米 21617 石、粟 28613 石、钞 130 锭；次年赈奉圣州及彰德等处饥民米 80890 石、粟 36040 石、钞 24880 锭有奇（《新元史·食货十三》）。明太祖设养济院收养无依无靠的贫民，诏谕户部：“自今凡岁饥，先发仓庾以贷，然后闻，著为令。”（《明史·食货二·赋役》）他在位 30 余年，用于赈济贫民的布钞数百万，米百余万石。

民国初期，社会救助的内容依旧延续救灾、助老、扶贫三大方面，并且由于孙中山先生饱受动乱之苦，见过更多底层困难群体同样需要社会救

① 白云，刘芹．中国古代社会救助措施的历史作用与启示［J］．管子学刊，2014（1）：78.

助，所以他在以往社会救助的主要内容基础上精确地提出了女性救助与儿童救助。他还认为，社会救助是政府义不容辞的责任，但社会救助不应该单单是依靠政府的力量，还可以让民间（个人或组织）也加入进来，这样国家可以通过社会救助措施来重新调节财富，有效地削减贫困。为保证社会救助事业的顺利推行，孙中山还主持制定大量的政策、方针、条例和法规等，使得社会救助制度化和法制化。①

（二）新中国成立后的社会救助

1. 新中国成立初期

新中国成立初期，我国结束了长期的内外战争，中国共产党推翻了压在人民身上的“三座大山”，将人民从水深火热之中解救出来，建立了人民当家做主的新中国。全国上下，百废待兴，不仅基础设施不全，大量人民没有工作，而且部分地区还遭受着自然灾害。针对当时的社会形势，1949 年政务院、内务部采取了紧急救济政策，分别发出《关于生产救灾的指示》《关于加强生产自救劝告灾民不往外逃并分配救济粮的指示》来处理应对灾情。此时，我国的社会救助依旧处于人道主义救助阶段，具有紧急性、不完整性的特点。

2. 改革开放时期

1978 年民政部恢复设立，社会救助制度建设走上快速发展轨道：城乡居民最低生活保障制度获得全面实施，医疗救助、教育救助和住房救助等专项制度得到发展，临时救助制度逐渐成熟。迎着改革开放的大浪潮，社会救助不再是简单地对困难群体进行救济，而是将其与扶贫相挂钩，发挥社会救助中互助的作用，“输血”的同时积极“造血”，在经济发展一片大好的形势下，社会救助制度的完善也同样是大步前进、贴合时代。

3. 党的十八大以来

党的十八大以来，党中央拉开了新时代脱贫攻坚的序幕，社会救助作为一项兜底性的社会福利政策，围绕“应保尽保、应兜尽兜”开拓创新，

① 罗国辉，赵莹莹，刘永晋．孙中山社会救助思想的形成及特点［J］．石家庄经济学院学报，2007（6）：107-110.

实现了重大制度突破。当前，我国的社会救助法正处于立法过程中。2014年2月21日，国务院颁布《社会救助暂行办法》，第一次以行政法规的形式规定了“8+1”的社会救助体系；2020年8月25日，中共中央办公厅、国务院办公厅印发《关于改革完善社会救助制度的意见》，对新时期建立健全“分层分类”的社会救助体系提出明确要求，社会救助的重点从低保群体向低收入群体扩展；2020年9月7日，民政部、财政部发布了《中华人民共和国社会救助法（草案征求意见稿）》。从《社会救助暂行办法》到《关于改革完善社会救助制度的意见》，社会救助进一步走向法治化、体系化。通过最低生活保障制度“应保尽保”、特困人员救助供养制度“应养尽养”、临时救助制度“应救尽救”三重保障，困难群众基本生活保障安全网更加密实牢靠。①

三、社会救助的概念

关于社会救助的概念，国内学术界研究者从不同的角度出发，赋予其多元的含义。陈成文、胡书芝等将社会救助的概念分为广义的社会救助和狭义的社会救助，认为：“广义的社会救助是指对于生活困难者，国家和社会共同保护其经济生活，含有共同救济之意。而狭义的社会救助仅指国家依据法令，以国家财政给予贫困者的经济性保护。”研究多名学者对社会救助概念的界定后，他们对社会救助的概念更倾向于广义的理解，认为：“社会救助是指社会成员因有自然灾害、意外事故和个人生理、心理等原因而导致陷入生存困难不能维持最低限度生活水平时，由国家或者社会有关部门或个人依法给予一定的物质或资金的援助和扶助，以使其基本生活得到保证的一种社会保障措施，是社会保障系统中的一个子系统。”②

杨思斌、李德健认为：“核心价值观融入社会救助法是践行社会主义核心价值观的必然要求，而社会救助法与核心价值观的高度契合性以及现

---

① 李雪．与时代同行 与民心同向：社会救助工作十年创新发展综述[J]．中国民政，2022(15)：19-24.

② 陈成文，胡书芝，等．社会救助与建设和谐社会[M]．长沙：湖南师范大学出版社，2007.

有社会救助法规对核心价值观的部分体现则为该融入提供了制度准备。”①这里实际还强调了社会救助是一种法律制度，需要与我国的价值观相融合。

彭华民的定义更进一步列举了一些具体的、主要的社会救助内容：“社会救助是指国家和社会面向老弱病残和生活不幸人士等弱势群体，无偿提供款物救济的一种基本生活保障制度，一般包括灾害救济、贫困救济以及医疗、住房、教育等方面的救助。”②

关信平认为社会救助制度起兜底保障作用：“社会救助制度是直接向困难群众提供各种保障待遇，以满足其各方面基本需要，从而直接缓解其贫困的社会保障制度体系。经过多年的发展，我国已经建立起以最低生活保障为基础，包含特困人员救助供养、医疗救助、教育救助、住房救助、就业救助、自然灾害救助、临时救助、社会力量参与的综合性社会救助体系，并且在政策理念、救助内容、发展统筹、参与主体等方面都积极探索创新。”③关信平在社会救助的定义上是与彭华民不谋而合的。

因此，我们可以将社会救助定义为：社会救助是指社会成员因个人原因、社会原因和自然原因致使基本生活难以维持，由政府和社会为其提供基本物质和资金保障，以维持其基本生活的一种制度安排。依据我国《社会救助暂行办法》等相关政策法规，社会救助包括最低生活保障、特困人员供养、受灾人员救助、医疗救助、教育救助、住房救助、就业救助和临时救助。

---

① 杨思斌，李德健．核心价值观融入社会救助法的理论反思与实现路径［J］．行政管理改革，2021(1)：35.

② 彭华民．社会保障政策［M］//关信平．社会政策概论．北京：高等教育出版社，2004：260.

③ 关信平．当前我国加强兜底性民生建设的意义与要求［J］．南开学报（哲学社会科学版），2021(5)：38.

第二节 社会救助有哪些内容

一、从“8+1”到“分层分类”的社会救助体系

党的十九届五中全会提出“健全分层分类的社会救助体系”，健全现有“8+1”（“8”是指：最低生活保障、特困人员供养、医疗救助、教育救助、住房救助、就业救助、受灾人员救助和临时救助；“1”是指：社会力量参与）社会救助体系，形成覆盖广泛、体系梯度适宜、救助制度相互衔接的新时代社会救助体系。[①] 2020 年，中共中央办公厅、国务院办公厅印发《关于改革完善社会救助制度的意见》，明确提出建立健全分层分类社会救助体系，根据救助对象的困难程度和致贫原因划分为低保对象和特困人员、低保边缘家庭和支出型困难家庭、全体居民三个救助圈层，分别给予相应的基本生活救助、专项分类救助、急难社会救助，形成了多层次的分类救助体系，实现了社会救助的重点从低保群体向低收入群体的扩展，实现了社会救助体系的调整和升级（见图 1-1）。[②]

二、社会救助体系的具体内容

当前，我国社会救助体系主要有以下内容。[③]

（一）最低生活保障

最低生活保障是指国家对共同生活的家庭成员人均收入低于当地最低生活保障标准，且符合当地最低生活保障家庭财产状况规定的家庭，给予

---

① 匡亚林. 需求侧管理视角下社会救助体系分层分类改革研究[J]. 河海大学学报(哲学社会科学版),2021,23(2):96-104+108.

② 李雪. 与时代同行 与民心同向:社会救助工作十年创新发展综述[J]. 中国民政,2022(15):20.

③ 社会救助暂行办法[EB/OL]. http://www.gov.cn/zhengce/content/2014-02/27/content_8670.htm.

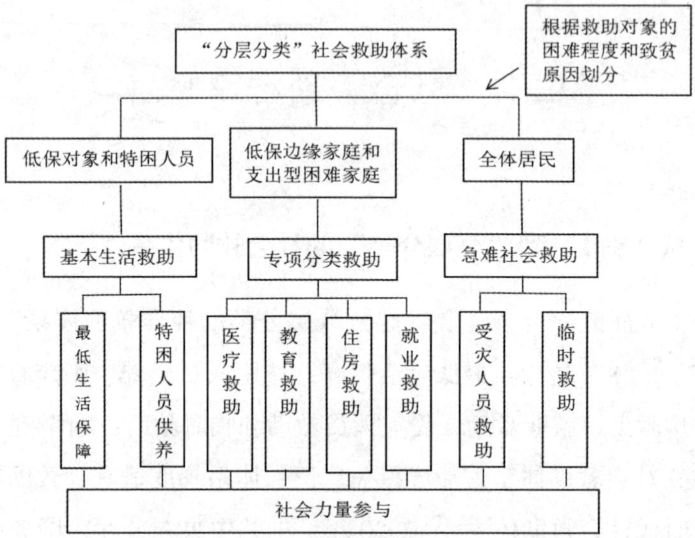

图 1–1 "分层分类"社会救助体系

最低生活保障。

（二）特困人员供养

特困人员供养是指国家对无劳动能力、无生活来源且无法定赡养、抚养、扶养义务人，或者其法定赡养、抚养、扶养义务人无赡养、抚养、扶养能力的老年人、残疾人以及未满 16 周岁的未成年人，给予生活供养。

（三）医疗救助

医疗救助是指国家建立健全医疗救助制度，保障医疗救助对象获得基本医疗卫生服务。

（四）教育救助

教育救助是指国家对在义务教育阶段的最低生活保障家庭成员、特困供养人员，给予就学救助。对在高中教育（含中等职业教育）、普通高等教育阶段就学的最低生活保障家庭成员、特困供养人员，以及不能入学接受义务教育的残疾儿童，根据实际情况给予适当教育救助。

（五）住房救助

住房救助是指国家对符合规定标准的住房困难的最低生活保障家庭、分散供养的特困人员，给予住房救助。

（六）就业救助

就业救助是指国家对最低生活保障家庭中有劳动能力并处于失业状态的成员，通过贷款贴息、社会保险补贴、岗位补贴、培训补贴、费用减免、公益性岗位安置等办法，给予就业救助。

（七）受灾人员救助

受灾人员救助是指国家建立健全自然灾害救助制度，对基本生活受到自然灾害严重影响的人员，提供生活救助。

（八）临时救助

临时救助是指国家对因火灾、交通事故等意外事件，家庭成员突发重大疾病等原因，导致基本生活暂时出现严重困难的家庭，或者因生活必需支出突然增加超出家庭承受能力，导致基本生活暂时出现严重困难的最低生活保障家庭，以及遭遇其他特殊困难的家庭，给予临时救助 。其救助对象主要包括三类：一是在最低生活保障和其他专项社会救助制度覆盖范围之外，由于特殊原因造成基本生活出现暂时困难的低收入家庭，重点是低保边缘家庭；二是虽然已纳入最低生活保障和其他专项社会救助制度覆盖范围，但由于特殊原因仍导致基本生活暂时出现较大困难的家庭；三是当地政府认定的其他特殊困难人员。

第三节　社会救助由谁来做

一、社会救助的多元主体

社会救助作为一项保证民生的兜底性政策制度，它的铺开需要有相应的主体来承担。随着经济的发展和社会环境的不断变迁，社会救助的主体也发生着变化，最初是以政府为责任主体，到后来社会力量成为主力军，现如今随着社会救助制度的不断完善，涉及的范围更广、层次更深，社会救助的主体也呈现多元化趋势。我国的社会救助参与主体，大致可以分为以下五类。

（一）政府

政府要扛起兜底保障的政治责任。习近平总书记指出，民生是最大的政治，要大力做好保障和改善民生工作，注重关心生活困难群众，让群众得到看得见、摸得着的实惠。[①] 从古至今，政府是社会救助中重要的责任体，这是毋庸置疑的。政府在筛选、核查社会救助群体，管理社会救助专项资金和监管社会救助流程中扮演着重要角色，可以说是决定了我国社会救助是否能长期运作下去、如何运作、对谁运作，是否能兜住民生底线，是否顺应时代发展等关键问题。因此，政府在参与社会救助中，不能占据过多的舞台，不然容易造成福利依赖，从而增加政府财政支出，导致救助质量不过关；也不能毫无作为，政府必须兜住民生底线，确保群众基本生活，维护社会稳定。政府作为处理社会问题的主心骨，应该确认好自身在社会救助领域扮演的角色，同时还要分配好其他主体所扮演的角色，使得各个主体各司其职，最大化发挥社会救助作用。

在政府部门中，主要负责社会救助工作的是民政部门，其他部门则主要起到辅助性作用。民政系统会在各个社区、乡镇安排民政专干或社会救助专干，专门负责社会救助的申报、审查等工作，为有需要的困难群体提供行政服务。上级民政部门则与其他部门一起，制定有利于社会救助事业发展、为困难群体谋福祉、适应社会发展的社会救助政策，为社会救助服务的开展提供内驱动力。

（二）社会组织

社会组织有广义与狭义之分。广义的社会组织是指人们共同生产生活的所有群体形式，包括氏族、家庭等；狭义的社会组织是指为了实现某些特定的目标而有意识地组合起来的群体，如基金会、军队、医院、学校等。社会组织是我国参与社会救助的主要主体之一，一般介于政府与个体之间，具有公益性、志愿性等特点。相较于政府，社会组织更加具有灵活性，善于深入基层、贴近服务对象，与服务对象沟通便捷，更容易了解服

---

① 季明，蔡玉高，仇逸，等．让群众得到更多看得见摸得着的实惠［N］．新华每日电讯，2013-03-13(1)．

务对象遇到的困难与需求，从而准确作出判断。社会组织作为主体参与社会救助工作，不仅可以很好地缓解政府的工作压力，全方位、多领域地介入服务对象生活、提供多种服务，同时还能监督政府社会救助工作。

社会工作组织作为近年来发展迅速的社会组织，作为补充基层民政服务的主要力量，已然在基层社会治理中发挥了不可替代的作用。一方面，基层社会工作者可以辅助民政专干进行入户走访、家计调查，主动发现服务对象和审查申报对象救助资格；另一方面，基层社会工作者能为需要特殊救助服务的困难群体提供社会工作专业服务，满足个性化需求，补充社会救助服务内容。

（三）企业

2014 年 2 月 21 日，国务院颁布的《社会救助暂行办法》中，第一次提出并阐述了社会力量参与社会救助的意义与规定，表明我国逐渐重视社会力量参与社会救助的作用。企业作为社会力量的重要组成部分，理应积极参与社会救助，且在社会救助中发挥重要的辅助作用。同样，企业积极承担相关社会责任也是企业参与社会救助的重要依据；同时，政府用减免税收等方式来鼓励企业积极参与社会事务，履行社会责任。目前，企业参与社会救助主要有提供慈善物质捐赠和提供相关就业岗位两种方式。

（四）家庭

家庭作为社会组成的基本单位，在社会事务处理中同样扮演着不可或缺的角色。在社会救助中，家庭既是受助者，也是参与者；正是这种特殊的双重身份，使得家庭在社会救助事务中的重要性尤为突出。家庭是受助者主要的生活场域，与受助者息息相关，家庭的发展很大程度上影响受助者的发展。家庭还能给受助者带来精神慰藉，调整受助者错误的思想观念，促使受助者积极主动地脱离现状，寻求发展。

（五）个人

参与社会救助的个人主体是指参与社会救助的受助者本身与志愿者、爱心人士。在确认受助之前，受助者有义务配合政府与社会组织进行基本信息收集、家庭访谈、需求评估和家计调查。并且，受助者应当积极配合社会救助者的相关救助措施，在有条件脱离社会救助困难群体的前提下，主动作为，激发内生动力，最终实现自助，从而结束社会救助。志愿者、爱心人士可以通过参加志愿服务或捐款捐物的方式参与社会救助服务，协助受助者摆脱困境。

总的来说，从“8+1”到“分层分类”的社会救助体系，社会救助顺应时代不断更新、发展，这其中单靠政府的力量是不够的，因此社会力量参与社会救助是必然趋势；在社会救助发展的过程中，政府逐渐退出舞台的中心，更多的社会救助服务则由社会力量发挥主力军作用。但是有一点是必须要明确的，即政府在社会救助的过程中起主导作用，而其他社会力量只是发挥辅助和补充政府职能的作用。

二、社会救助领域政府与社会组织的关系

在社会救助领域，发挥主要工作职责的是政府与社会组织，其他救助主体则起到辅助性作用。因此，在社会救助工作中，最主要的关系就是政府与社会组织之间的关系，即民政与社会工作的关系。了解、认识两者之间的关系，有助于救助主体在救助过程中准确定位自身的角色，发挥角色应有的作用。在社会救助领域，政府与社会组织之间有如下三种关系。

（一）依附关系

在我国社会救助领域，政府与社会组织之间的依附关系是比较明显的。在我国“小政府，大社会”的模式探索中，政府逐渐放开行政权力，把更多的领域交给社会自行管理，由此，我国的社会救助从政府负责转变为政府主导下的社会组织协助。在这中间，显而易见的是政府依旧处于“掌舵人”的位置，把控着权力与资源的分配。这意味着，我国社会组织为了能够得到政府资源，就必须顺着政府政策进行改革、调整，从而使得社会组织参与的公共事务往政府所期望的方向发展。

政府行动具有强制力，这对社会组织是一大优势，决定了政府工作的下限高于社会组织的下限。举个例子，当社会事务工作下限至“0”时，社会组织只能面临解散，而政府依旧能坚守阵地，这说明相较于社会组织，政府能兜底社会公共事务工作。强制力所决定的工作下限往往会成为限制工作开展的上限，在开展社会公共事务工作时，政府容易出现工作疏

忽或工作漏洞，而社会组织则正好能填补漏洞，与政府工作实现互补。但是由于政治、经济地位上的不平等，要想实现政府与社会组织地位平等是不现实的，所以社会组织只能依附于政府，通过政府赋予的行政权力与资源共同完成社会公共服务。

总的来说，总结我国社会救助发展现状，依附关系下政府主导的社会组织参与社会救助服务，对社会救助事业的发展和推进产生了实实在在的作用。因此，我们不能贸然地否定依附关系的存在，并且不切实际地要求将依附关系从社会组织和政府间剔除出去；反之，应充分认识到依附关系在我国国情下对社会救助事业的整体发展是具有积极意义的。

（二）互补关系

互补关系是指政府与社会组织从不同的立足点出发参与公共服务，所以服务的重点、方式、范围有所不同，对于那些政府行政式救助不能达到服务效果的，社会组织则能在其中发挥作用，弥补救助缺失。

政府的行政化社会救助的最大特点是法定化与程序化，这也是参与社会救助的最主要的约束。在法定化与程序化的规定下，政府能够精准识别需要救助的目标对象，并提供质量较高的帮扶；但是在该模式下，只要救助申请对象不满足法定中的任意一条或者不符合程序中的任意一环，则会直接被救助清单排除在外。社会救助对象的“一刀切”式筛选方式有利有弊，且实际情况往往较为复杂，法定化与程序化不能很好地照顾到部分有救助需求，却不满足法定与程序要求的困难群体。所以，社会组织参与社会救助，能够很好地补充政府社会救助力量达不到的领域，同时政府也能给予社会组织补充救助资源，两者相辅相成、形成互补，能够最大化地发挥社会救助力量的作用。

案例分享

案例 1-1：老李的儿子因车祸意外离世，留有一个孩子小力，后来儿媳改嫁，老李与小力一老一小在家相依为命。小力今年 10 岁，在镇上上小学四年级。老李每年靠收庄稼换来的微薄收入补贴家用，爷孙俩生活拮据。社工于2020年在入户走访的过程中了解到老李家的情况后，准备为其申请低保救助，但是由于老李家有一辆车，一个月的油费支出加上农作物的收入等超过了低保救助的标准（300元/月），所以老李家未能被纳入当地低保救助中。

社工则从其他方面帮助老李家寻找社会资源。一方面，链接爱心企业的贫困助学基金，给小力申请了1200元/年的助学金；另一方面，由于当地乡镇的失母儿童较多，大概有10~15个家庭，且小力自身性格内向、不爱说话，学习成绩一般，平时除了在学校上课，其他时间都躲在家里不出来，社会支持网络较为薄弱。社工对接了长沙市N社会工作服务中心，邀请小力与其他的失母儿童一起参加机构活动，开展户外实践，加强同辈支持，扩充同辈支持网络。同时，社工也会定期去小力家入户访谈，与老李和小力进行交流，了解其近况。

截至2022年9月，经过将近3年的服务，小力逐渐开朗活泼起来，积极主动参与户外实践活动，增长了见识，也愿意与人交流，对社会的认同感逐渐提高。通过爱心企业的助学，小力也懂得了感恩和努力，现在成了班级班长，学习成绩也由以前的中等水平提升至班级前2名。班主任老师都惊讶小力的变化之大。

案例来源：湖南省宁乡市S镇社工站

在案例1-1中，社会工作者充分发挥了主观能动性，主动了解服务对象家庭情况，评估服务对象需求，并根据需求链接相应资源和提供个性化专业服务，最终改善了服务对象家庭状况。由此可见，政府在大方向上的把控与社会工作者提供的专业化、个性化服务，能使得社会救助工作精益求精。

（三）促进关系

促进关系主要强调的是政府对社会组织参与救助活动有引导、监督、评估等责任，而社会组织同样有向政府汇报救助工作进度、服务现状的义务。

营造一个良好的社会救助服务环境，让社会组织不留余地地参与社会救助工作，是政府应尽的责任。由此，政府通过聘请相关专家、督导（第三方个人/组织）定期对社会组织参与社会救助服务进行评估与督导，而社会组织也有义务接受政府委派的评估与督导的方式，来了解社会组织参与社会救助服务的现状。通过第三方专家与督导的评估结论，政府从而可以判断是否继续对该机构分配政府资源。对评估结果为良好及以上的机构，政府会继续提供资源，对表现特别突出的机构还会增加相关资源；而对评估结果为及格或者不及格的机构，则勒令及时整改，甚至取消服务资格，收回之前分配的资源。政府也有义务向社会组织提供专业督导与专业培训，通过督导与培训，改善社会组织不正确的服务方式，提升社会救助服务意识与服务水平，从而使困难群体能接受更好的救助服务。

现在，为了凸显政府工作的公平、公正、公开，促进关系的范围也进一步扩大，社会组织基层工作者能在协同基层民政干部对低保救助申请人进行入户核查中发挥监督作用。

案例分享

案例 1-2：入户核查是低保救助中不可缺少的环节，J 镇社工站的社工需要与民政专干一起进行低保救助的入户核查。张社工说道："民政政策规定要 2 名以上的工作人员一同去进行入户核查，一般由村干部带路，我们社工和民政专干、儿童主任或妇女主任等相关工作人员一起去救助对象家进行核查。除了了解申请人家庭情况之外，我们社工作为第三方人员也可以监督政府的民政工作，保证救助程序的真实和公平公正。"

案例来源：湖南省宁乡市 J 镇社工站

从案例 1-2 中我们可以感受到，促进关系的进一步扩大能较好地避免低保救助中"吃空饷"现象的发生。政府与社会组织之间的促进关系，不仅能促进政府在参与社会救助工作中做到公平公正，让真正有需要的人得到救助；还能提高社会组织参与社会救助的质量，让困难群体享受更佳的救助服务。

本章小结

本章我们简要学习了社会救助的发展历史、概念、基本内容和参与主体，对社会救助工作“是什么”有了大致的了解。那么接下来我们要学习的是社会工作如何开展社会救助服务，是解决“怎么做”的问题。在社会工作专业服务流程中，“接案”是关键的一环，它决定了整个专业服务的内容与方向；而如何与服务对象建立专业关系，又是接案环节的重点。专业关系是否合适，不仅决定了整个专业服务能否顺利开展和服务质量的高低，还涉及专业伦理等相关问题，因此我们接下来开始学习第 2 章——如何建立救助服务关系。

第2章
如何建立救助服务关系

开展社会救助服务前，社会工作者必须意识到：精准识别救助对象是建立救助服务关系的前提，而建立救助服务关系是服务得以开展的关键要素之一；社会工作者能否与救助对象建立良好的救助服务关系，直接影响着救助服务项目的推进和效果。同时，由于社会工作者与救助对象建立的专业关系将会贯穿社会救助服务的整个过程，所以有技巧地维护救助服务关系也是至关重要的。因此，本章将从如何发现救助对象、建立救助服务关系的实践原则和救助服务关系的维护技巧三个方面展开介绍，以期为读者提供一个较为全面的实务操作指南。

第一节　如何发现救助对象

精准识别救助对象是建立专业关系的第一步，是社会救助制度发挥作用的前提，是维护社会公平公正的需要。当前，发现救助对象的方式主要有社工外展、主动求助和第三方转介三种途径。本节将结合相关社会工作案例，对这三种途径进行详细阐述，以便读者能有更全面、更深入的认识和理解，并将其合理地运用到实务中，从而提升识别和发现救助对象的精准性和高效性。

一、社工外展

社工外展是主动发现救助对象最常用、最重要的途径。社工外展最初是以青少年为主要服务对象的。它是通过社工主动与服务对象建立联系，并结合社会工作专业实务方法，如个案、小组和社会活动等来解决青少年因不同原因产生的家庭、社会和心理等问题，以帮助青少年拓宽视野、增强自信，树立正确的人生观与价值观。[1] 随着外展工作的逐步开展，外展的意义和范围也逐渐扩大，服务对象已经从主要是青少年群体向其他更多群体扩展。[2]

在社会救助过程中，社工外展主要是指社工以多种外展形式主动发现和走近救助对象，及时采取主动性的服务措施对其进行救助和保护，链接必要的救助资源，引导其积极面对困难、不断增强社会适应能力，促进其逐步回归正常社会生活。此过程在一定程度上可以实现社会救助从“人找政策”到“政策找人”和从“被动救助”到“主动救助”的两大转变。

当前，社工站社会救助实务采用的外展方式主要为街头外展救助，即社会工作者借助救助巡逻车和救助亭主动寻找和接触街头流浪、乞讨人员，及时为其提供必要的救助服务，如提供政策、心理、法律等咨询服务，并适当地开展引导帮助服务。通过社会工作者的主动关心和提供服务，可以增强救助对象对生命的依恋和对正常美好生活的期盼，点燃心中的希望。同时，社工外展工作模式在新形势下也出现了扩展，如在外展宣传活动中发现服务对象、根据群众报告采取外展救助等。众所周知，社会救助是为困难群体救急解危的“雪中炭”“及时雨”，但在实际工作中，存在部分群体由于自身行为能力不足、对政策不了解等原因而无力或不知道去寻求帮助的情况，致使其最低生活水平难以得到有效保障。因此，当前许多社工站的社会工作者通过走进社区（村）深入群众，来积极开展关于社会救助相关内容的宣传活动，让社区（村）居民更全面、更多地了解和认识社会救助相关政策。这一过程不仅能提高社会工作者在社区（村）居民中的知晓度，还能让社会工作者更深入地了解和挖掘居民的救助服务需求和现存问题，及时拓展和发现潜在的救助对象，并依据相关程序积极地协助困难群体进行救助申请，让更多符合救助条件的人及时享受到救助。

---

① 《外展》刊物编委会．香港外展社会工作实录[M]．香港：集贤社，1990.

② 朱宝雯．我国社会救助制度的完善与社会工作的职业化[J]．黑河学刊，2013(12)：192.

案例分享

案例 2–1：惠州市救助站接到一位热心市民的微博求助，称博罗（县）龙溪镇（现为街道）附近有一位流浪者长期在某商场附近垃圾桶边滞留，主要以吃垃圾为生，希望政府和社会热心人士对其提供救助。接到热线后，救助站工作人员和社工立即开始外展工作，前往事发地点并找到流浪者解某。据了解，解某是云南人，已经离家出走 17 年，疑似精神异常。经过两个月的治疗，解某病情得到明显好转，情绪也趋于稳定。与此同时，社工还对其进行了个性化心理辅导，使解某逐渐有了回家的意愿，最终在社工和救助站的协助下解某成功回到昆明市救助站。

案例来源：广东社会工作网（微信公众号）

二、主动求助

主动求助是快速、有效发现救助对象的最佳渠道，是救助对象直接向社会工作者寻求救助，而后社会工作者根据其实际情况进行评估，确定其是否属于救助对象并展开相关服务的一种发现救助对象的方法。主动求助可以帮助社工站快速识别和发现救助对象，但在具体实践中存在以下问题：其一，民众对社工站及社会工作者的认知不够，不清楚社工站的服务内容、服务范围是什么，对社会工作者的工作内容也没有详细的了解；其二，社工站本身未达到一定的影响力。以上问题导致求助对象主动求助的可能性较低。这就要求社工站要通过一系列的宣传、引导等活动，增强民众对社工站的理解和认识。

案例分享

案例 2–2：“爷爷，您好！请问您有什么需要帮助的吗……”见到一位穿着朴素、面带愁容的长者走进了社工站，驻站社工热情地迎上前询问。“我听说你们社工是专门帮助别人的，能帮我看看……”听完讲述后，驻站社工对郭爷爷的情况有了大致的了解。郭爷爷自身患有结肠癌并肝部转移，需要定期化疗，妻子由于身体原因无劳动能力，大儿子已去世，二儿子想照料父亲却没有经济来源。由于需要定期化疗和吃药，但又无固定收入，所以郭爷爷迫切需要经济上的救助。在深入了解情况后，驻站社工为郭爷爷详细介绍了救助政策、救助流程以及需要提交的材料。在确认郭爷爷的情况属实后，社工积极协助郭爷爷完成了救助项目的申请。

案例来源：莲花民政（微信公众号）

三、第三方转介

一般情况下，转介服务是指由社区内的相关机构或居民发现服务对象因存在严重的个人、家庭或群体问题而影响正常的社会功能发挥，从而转介给专业机构和社会工作者进行介入和救助服务，以帮助服务对象改善生活和解决问题的一种方式。常用于发现救助对象的转介途径主要有社区（村）转介、社会事务办（公共服务办）转介和居民转介。

社区（村）转介是发现救助对象的最常见途径。作为基层群众性自治组织，居（村）委会是联系群众最紧密、服务群众最直接、组织群众最有效的基本单元，在社会救助服务过程中发挥着承上启下的作用。当社区（村）的服务资源难以满足居民的救助需求，尤其是心理辅导、精神慰藉、人际关系等方面的需求时，或在前期介入没有效果以及效果不好的情况下，社区（村）可以将符合社会救助条件的救助对象转介给驻点社工站，由社工站采取正确合理的介入措施对该群体进行救助。

由于乡镇或街道社会事务办（公共服务办）是开展民政工作、管理有关事务的重要部门，主要负责民政优抚、社会救助、社会保障等政务服务工作，承担着民生保障和社会事业前进发展的重要职责，因此，社会事务办（公共服务办）对服务对象进行转介也是当前发现救助对象的重要途径之一。

居民转介作为发现救助对象途径的有效补充，在实践工作中也发挥着十分重要的作用。与其他发现救助对象的方式相比，居民转介的有效推进，是基于居民与社会工作者之间良好的信任关系之上的。通过居民转介，社会工作者能够更容易发现潜在的救助对象，同时社会工作者还能依靠居民的关系更好地同救助对象建立专业关系，从而更精准、更有效地制订介入计划和开展救助工作。

案例分享

案例2-3：肖爷爷，78岁。早年因犯罪入狱，刑满释放后与家人失去联系，只能在外租房。由于租住的房子属违建被拆除，又因不慎摔倒造成了髋关节粉碎性骨折，已没有房子可供居住，也无钱看病，肖爷爷只能露宿街头。一位爱心人士经常照顾肖爷爷，但由于自身原因无法继续照顾后，带着肖爷爷来到了街道办事处。街道与社区希望其亲属出面承担老人的赡养费用，但是经社区多次调解，其子女仍不愿意尽赡养义务。基于此，街道与社区找到社会工作机构寻求帮助。社工了解情况后，首先对肖爷爷的需求进行了评估，而后确定了帮助肖爷爷获得医疗救助以及回归正常生活的服务目标，并制订了详细的服务计划。在社工的介入下，肖爷爷的生活得到了妥善安置，困境得到了初步缓解。

案例来源：七彩昀社工（微信公众号）

案例2-4：丽姐是一名由居民转介发现的服务对象。C街道"双百"社工本来是在协助黄婆婆的老公办理残疾证，在服务过程中黄婆婆告诉社工有一家人更困难。在黄婆婆的带领下，社工来到服务对象丽姐的家中。据了解，丽姐同婆婆一起居住，有一儿一女，由于长期照顾家庭，所以丽姐没有就业。随着丈夫患病去世，不仅使得家庭唯一的经济来源中断了，还因为支付丈夫治疗费用欠款17万元。丽姐和婆婆都向社工表达了强烈的求助愿望。在社工的全程陪伴和帮助下，丽姐成功申请了低保。此外，在协助办理低保时，社工还给予了丽姐社会、心理支持和能力建设等服务，让丽姐重拾信心和自信，对生活也有了期待。同时，丽姐在邻居的帮助下，还找到了保洁员工作，生活也逐渐步入正轨。

案例来源：张和清，廖其能．发展型社会救助的中国社会工作实践探索——以广东"双百"为例［J］．西北师大学报（社会科学版），2021，58（6）：78-88.

第二节 建立救助服务关系的实践原则

正所谓，万事开头难。建立良好的救助服务关系是开展社会救助服务的前提与基础。良好的专业关系能使得社会工作者在开展服务过程中及时发现服务对象的困境与需求，在互动的过程中充分挖掘服务对象自身潜在的和周边的资源，通过发挥自身专业优势最终协助服务对象解决问题和走出困境。然而，在明确救助对象之后，如何快速高效地与救助对象建立良好的专业关系却深深困扰着新手社工。因此，本节将在介绍救助服务关系及其特点的基础上，总结出救助服务关系建立时所需遵循的实践原则，以帮助读者正确认识（新型）救助服务关系的内涵与特点，并在实务中更快更有效地与救助对象建立正确恰当的专业关系。

一、（新型）救助服务关系及其特点

以往传统的社会救助是由政府包揽主要责任，社会力量参与严重不足，社会救助成了政府唱“独角戏”。在实际执行过程中，还存在官僚行政化、救助制度的落实不到位等问题①，使得救助对象与救助人员（政府民政救助专干）之间的关系具有非平等性的特点。本节所讨论的（新型）社会救助服务关系，主要是指社会工作者与救助对象为实现同一目标、解决同一问题而建立的互助、合作与理解的关系。此关系的建立旨在通过社会工作者与服务对象之间的深入了解、有效配合，以及两者之间的态度与情感的互动，帮助服务对象达到适应环境的状态。社会工作者积极参与新时代社会救助服务的供给，不仅弥补了传统社会救助的救助主体单一、重物质轻服务等缺点，还为高质量发展和有效推进新时代社会救助体系建设提供了思路。

① 刘喜堂. 社会救助工作亟须社工介入［EB/OL］.［2022－9－1］. http://news.swchina.org/topvoice/2015/1028/24229.shtml.

事实上，社会工作者与服务对象建立的救助服务关系是社会工作中专业关系的一种形式，而专业关系又是一种具有专业界限的限制性关系。专业界限不仅规定了专业服务的框架，为提供服务设置了专业规范，同时还明确了服务过程中各方的角色与义务。[①] 因此，区别于一般“关系”，社会救助服务关系主要包括以下特点。

（一）目的性

救助服务关系是为救助目的而建立的，目的性是救助服务关系最显著、最重要的特点之一。一般情况下，在救助服务关系建立之时、救助服务开展之前，双方之间就应形成一个具有共识性的目标。在双方协商同意下，该目标既可以写到书面契约上，也可以是口头上的，只要与社会工作的整体目标和社会工作者的能力范围相符合即可。

（二）时间限制性

与一般的人际关系不同，救助服务关系是一种具有明确时间限制、特定时间架构的工作关系。正常情况下，当救助服务目标得以实现，或救助对象的问题得以解决时，两者之间的救助服务关系就需立刻终止。

（三）以救助对象为主

从本质上说，建立救助服务关系不是以满足社会工作者的需求为出发点，而是以满足救助对象的需求和利益为中心。因此，在实施救助服务过程中，社会工作者应时刻牢记服务对象的利益高于自身利益。

（四）受制约性

对于救助服务关系中的双方来说，都会在某些方面受到相应制约。一方面，为了帮助服务对象解决问题，服务对象需要向社会工作者提供自身的相关资料与信息，甚至包括隐私性信息，以便社会工作者能够深入了解和认识自己，并合理制订救助介入计划，从而更快速有效地解决问题；而社会工作者一般则无须向服务对象提供过多个人资料和隐私性信息。这样

---

① SMITH D, FITZPATRIEK M. Patient – therapist boundary issues: An integrative review of theory and research[J]. Professional Psychology: Research and Practice, 1995, 26(5).

就会存在信息不对称，服务对象难以获取关于社会工作者的更深入的资料。另一方面，在救助服务过程中，社会工作者不可避免地会受到明确而详尽的伦理道德守则的制约，如遵守专业基本价值原则、控制自己的感情投入、去除个人的主观情绪与偏好等。但是社会工作者需要意识到，对于其自身和服务对象来说，这些制约“利大于弊”，有利于建立正常良好的救助服务关系，有利于避免专业关系的“偏离”。

二、建立救助服务关系时需要注意的实践原则

建立救助服务关系，并非将社会工作者与救助对象进行简单连接，而是需要双方共同遵守、履行社会工作专业伦理和规范的义务与责任。在建立救助服务关系时，如果双方突破专业关系边界，不仅会损害社会工作的服务本质，也会对双方造成潜在的伤害。这就要求社会工作者，一方面要客观、理智地分析、计划和评估服务开展情况，让目标得到有效实现，让问题得到实质性解决；另一方面则要把握好“度”，即情感的适当投入。恰当地投入真情实感，会让服务对象感受到爱与温暖，从而提升其合作意愿和激发其改变现状的动力；而不恰当的情感投入则可能会造成“移情”和“反移情”现象，会给整个实务工作推进带来阻碍。因此，在建立救助服务关系时，需要注意以下实践原则。

（一）个别化原则

德国哲学家莱布尼茨曾说过：“世上没有两片完全相同的树叶。”这充分说明，每个人都是独特的个体，都是独一无二的人。事实上，承认个体的独特性并尊重受助者，是开展社会工作服务的前提条件。在同救助对象建立关系时，社会工作者要意识到，每位服务对象都有自己特殊的社会情境。这就要求社会工作者要时刻感受服务对象的个别化、特殊性需求，并根据实际情况有针对性地、灵活地制订合适的服务计划。还需要注意的是：个别化原则并非意味着受助者作为“独自的人”存在，必要的法律法规和社会秩序可以稳定和保证社会有序运行，受助者的权利和需求不能超越其社会责任或打破社会控制。

案例分享

案例 2–5：服务对象 L 是一名独居低保对象，早年生活情感受挫，与家人失去联系，缺少关爱，后遭遇车祸身体状况不佳，长期处于待业状态，生活无固定收入来源。社工 W 在介入之初意识到，虽然导致低保对象困境的原因大同小异，但是不同的服务对象的需求是存在差异的。故社工 W 遵循个别化原则，根据访谈和观察等方法，准确评估出服务对象 L 所面临的问题和需求，然后根据服务对象 L 的实际困境制订了有针对性的分阶段计划，最终使服务对象 L 的生活得到了很大改善。

案例来源：广霏. 城市低保对象生活困境的个案工作介入研究［D］. 兰州：西北民族大学，2021.

（二）接纳原则

接纳是社会工作重要的价值观和实践原则，是社会工作者与服务对象初步建立信任关系的重要方法之一。接纳原则意味着社会工作者不因服务对象的年龄、性别、生理及心理状况等对其采取歧视态度或者拒绝提供服务。事实上，接纳原则并非强制社会工作者对服务对象的行为和价值判断持赞同态度，只是不采用否定、责备、拒斥的态度。接纳原则更多的是强调社会工作者应尽可能站在服务对象的角度去理解和尊重其想法或行为。对服务对象表示充分的包容与接纳，有助于形成一种和谐自由的互动气氛。

对服务对象来说，社会工作者的由心的接纳、尊重和理解，将会成为一种无形的力量促使其反思与改变。因此，在实务中，社会工作者学会合理运用接纳原则是建立良好关系和开展救助服务的关键秘诀之一。需要注意的是，如果在接案之前社会工作者就难以从内心接纳服务对象，则表明该社会工作者不适合接此案，应将此案转介给社工站其他社会工作者。如果社会工作者只是出于工作需要强迫自己继续与服务对象保持联系，则不仅会给双方造成潜在伤害，还会使得救助服务难以取得实质性进展。

案例分享

案例 2-6： X 婆婆，80 多岁，疑似有被害妄想症，曾多次到居委会等部门反映自己受到很多冤屈和生活中遇到困难。在这一过程中，工作人员都及时出现并为其解决困难，但是婆婆仍然不满意，表示社区没有用心解决她的冤屈。与此同时，还多次表示有人要害她，故意损坏她的东西，并向社工出示了他人害她的“证据”。这些“证据”包括客厅桌子和沙发的磨损、房间柜子损坏的锁等，并怀疑开空调的时候别人会从空调里面放毒气进来，家里一有什么声响就是有人“潜”入家中迫害她。这让她十分痛苦，而且也导致邻里关系恶化。

案例来源：随州恒心社工

案例分析： 首先，学会倾听是接纳的第一步。不管服务对象说的是对是错，都应该认真地倾听完服务对象的讲话。比如在案例中，即使觉得婆婆所说不可信，也不要急着去“纠正”。其次，理解和尊重是接纳的核心。比如在案例中，如果你急于向婆婆解释，她反而会认为你没有真正理解她，不相信她。同样地，她也不会相信你。该案的接案社工很认真地倾听了婆婆的每一次倾诉，在分析过程中并不急着去否决或者评判婆婆的想法和观点；他接纳婆婆，相信婆婆讲的每一件事情并且认真记录下来。同时社工表示相信婆婆，并和婆婆一起去寻找解决办法，对婆婆充分理解和尊重，从心里真正接纳婆婆，让婆婆感觉到被理解和信任。因此，在几次面谈之后，社工很快就和婆婆建立了专业信任关系。

（三）非批判原则

非批判原则在社会工作实务中的重要性不言而喻。它不仅能让服务对象感觉到社会工作者的可信赖和友善，从而有利于良好专业关系的初步建立；还能激励服务对象表达自己的真实需求和问题，从而有利于救助服务的顺利推进。概括地说，非批判原则要求社会工作者不应该对服务对象的言语行为或价值是否正确作出任何评判，也不应该强加任何价值观念；同时，社会工作者绝不能凭空想象作“有罪或无罪”的推定，以自己的主观意识和情绪来影响救助服务的供给，如果那样做了，不仅会给服务对象造成心理压力（如紧张、害怕责备和批判等），还会在一定程度上阻止服务对象的自我表达，从而影响服务进程和效果。

因此，社会工作者应以服务对象的“需求和需要”作为工作的出发点，而非以服务对象是否“值得”作为依据。在与服务对象交往时，社会工作者应保持自我警醒，经常性地审视自己的价值观和偏见，时刻注意敏锐地去捕捉服务对象的感受和反应，避免自己的价值观和偏见在不经意间伤害到服务对象，或自己的一些微表情使得服务对象感受到批判，致使双方良好关系的建立因一些“细枝末节”而受阻。此外，社会工作者应学会以非批判态度了解服务对象及其问题与处境，尝试站在服务对象的角度了解其内心和主观感受，并通过适当的方式给予帮助，而绝不是采用审视、批判或评判的方式来回应。这不仅有助于服务对象客观地正视自己的问题、作出建设性的改变，还有利于双方良好关系的建立和维护。

拓展阅读

深入理解非批判原则

在日常生活中，我们常常会遇到一种情境：有一种冷是妈妈觉得你冷。其实，这一情境也常发生在个案工作过程中。如在家暴个案中，有过家暴经历的女社工意识到自身的经历会影响自己对服务对象的判断，或许会出现无意识地站在受害方的立场和无条件地支持服务对象的情况。故社工在接案前就需要调整好自己的状态，避免自己的情绪影响到服务对象；如果难以处理好自己的情绪，则可能需要将服务对象转介给其他社工处理。抑或在青少年玩手机“上瘾”个案中，父母觉得玩手机“上瘾”是问题，而青少年却不这么认为。社工是否会无意识地站在具有“权威”的妈妈一方，而忽略了服务对象自身玩手机背后的需求？这就要求社工要时刻提醒自己，避免主观地批判服务对象。

总而言之，作为社工，需要时刻提醒自己，在社会工作服务过程中，要避免带入个人的情绪和主观看法。

资料来源：江苏省社会工作协会

（四）平等原则

平等是人类长久以来追求的价值理念，更是社会文明进步的重要标志。袁银传等学者指出，平等是起点平等、过程平等、结果平等三者的有机结合与统一，更是程序正义和实质正义的有效结合。① 同时有学者表示，新时代平等观更深刻地体现在四个方面：全过程参与的权利平等、全方位获取的机会平等、全领域适用的规则平等和全要素发展的分配平等。② 我国社会救助一直以来坚持和贯彻公民无差别平等救助原则，不仅合理地保障公民的社会救助权，还有效地维持社会和谐与稳定。因此，在实务中，社会工作者遵循的平等原则不仅是建立专业关系的重要实践原则，更是社会工作的专业要求与责任。

在建立专业关系过程中，社会工作者有效践行和实现平等原则更多体现在：首先，由于专业关系性质决定了双方之间存在一定程度的不平等，故社会工作者需在实施服务过程中秉持平等原则，即着重强调双方是合作、平等互助的关系，而非“施助者”和“受助者”的关系。这一过程能让服务对象在平等关系中感受到被尊重和信任，不仅有利于专业关系的良好建立，还能增强服务对象的自我效能感，提高其对自身问题的判断和解决能力，真正意义上践行社会工作助人自助的本质。其次，起点平等是结果平等的前提和基础。因此，社会工作者不应因服务对象的性别、所在地域和种族等因素进行选择性服务，而应平等对待所有符合社会救助条件的服务对象，为其提供必要的救助，并积极协助或帮助其解决问题和改善生活。最后，社会工作服务是社会资源再分配的重要媒介之一，这就要求社

① 袁银传，赵倩．社会主义平等价值观及其培育路径［J］．思想政治教育研究，2014，30（5）：36.

② 姜锐涵．新时代中国特色社会主义平等观研究［D］．太原：山西大学，2021：56-57.

会工作者在为服务对象链接、分配资源和开展服务时须遵循公正、平等原则，避免区别对待。事实上，社会资源不可避免地会出现分配不均的现象，而社会工作者能做且需要做的，则是根据服务对象需求最大限度地实现资源的合理配置，做到“公平公正”和“一视同仁”，尽量避免因掺入自己的价值偏好而导致资源的倾斜分配。

案例分享

案例 2-7：2014 年 7 月，社工 X 参加一个社区以“安全教育”为主题的暑期夏令营活动。活动主要目标人群为社区内的“流动儿童”，但由于资金有限，计划服务对象上限为 50 人。在前期活动宣传、招募时，有位社区内本地户籍居民也想为自己的孩子报名参加夏令营，于是社工 X 向这位家长解释服务对象的筛选条件。不料，这位家长发出质疑：“以安全教育为主题的夏令营为什么要刻意针对流动儿童呢？我们的孩子也需要安全教育啊！这样设置条件一点也不公正。”但社工 X 比较遵守“原则”，对此家长进行百般耐心解释，最终劝退了对方，把参与机会留给了本社区的流动儿童。

案例来源：社工礼拜二（微信公众号）

案例反思：事实上，像上述案例所述的情况，经常发生在一线社会工作实务中。在日常生活中，当提及社会工作者时，我们总会想到他们能够为服务对象链接资源，即社会工作者是资源链接者。可是在实务中，社会工作者更是资源再分配者，他们将有限的资源科学合理地分配给无数个服务对象。当社会工作者作为“资源再分配者”时，该如何行使这一“隐性”且“关键”的权力，如何平衡好“公正”与“平等”呢？一般情况下，社会工作者应先做到“公正”，然后才能实现“平等”。[①] 如上述案例，由于社会资源是有限的，服务活动是有目的性的，服务对象是有限制

① 田萌．平等价值观念在社会工作中的体现与实践［J］．人才资源开发，2021（3）：40.

性的，所以社会工作者拒绝本地户籍居民的加入而将机会留给流动儿童这一特殊群体，以弥补家庭对此群体安全教育的缺乏，就是公正的做法。而正是这一做法，才是实现社会平等的基础和前提条件。

（五）保密原则

保密原则是社会工作者最基本的职业伦理和准则。它要求社会工作者要以服务对象利益为中心，对在服务过程中所收集的相关信息资料予以保密。通常情况下，在社会工作者与服务对象进行初次面谈时，绝大多数服务对象都是含含糊糊、比较随意敷衍了事回答社会工作者提出的问题，大多数人都不愿意敞开心扉向社会工作者说出较为隐私的事情。所以，在建立关系时，社会工作者要及时向服务对象说明自己会严格遵守保密原则。这一举动，不仅能让社会工作者最大限度地获得服务对象的信任，有利于良好关系的建立；还能让服务对象感受到被尊重，产生足够的安全感，甚至愿意主动同社会工作者进行相关交流。事实上，当被告知自己的信息会被保密时，服务对象心中就种下了对社会工作者"信任"的种子；并且随着面谈次数的增加，信任会逐渐呈现增长趋势。在这种情况下，绝大多数的服务对象可能会对社会工作者敞开心扉，将自己埋藏于心中、不为人知的隐私性信息更全面、更清晰地告知社会工作者，以便社会工作者能够了解到自己的特殊化需求和问题，从而制订合理恰当的救助服务介入计划，更好更快地帮助或协助自己解决困难。

同时，社会工作者需要注意：由于保密原则是以遵守法律法规和相关程序为前提的，在必要的特殊情况下，社会工作者可以在适当范围内对服务对象的相关资料予以公开，但对于可能会对服务对象造成伤害或难以预期结果的隐私性信息须予以保密。比如，由于社会救助服务工作的特殊性，为了凸显社会救助的公平公正性，社会救助流程和程序必须保持公开透明，这一要求就难以避免公示社会救助对象的个人基本信息，如家庭收入状况、所拥有的机动车辆数量和房屋状况等。事实上，保密原则并不是绝对性的，而是具有限制性、相对性特征，这就要求社会工作者要学会灵活合理地运用保密原则，避免陷入伦理困境。

第三节　救助服务关系的维护技巧

救助服务关系互动是一个动态发展的过程，服务对象和社会工作者不停地进行内心感受和态度的交互反应，从而协助服务对象解决问题。因此，在赢得服务对象的信任并建立服务关系之后，维护服务关系也是实务操作中的重中之重。良好关系的维护能让社会工作者尽可能地与服务对象保持互动，及时跟进、处置和反馈等。本节将主要介绍维护救助服务关系的常用小技巧，以便读者在维护救助服务关系过程中更为得心应手。

一、真诚与耐心

众所周知，中国是“人情社会”“熟人社会”，强调人与人之间面对面的直接交往，要想维持好救助服务关系，就必须对服务对象做到真诚与耐心。其中，真诚是获得服务对象信任不可或缺的特质，也是维护救助服务关系的关键点；耐心是社会工作服务的重要法宝之一，在维护救助服务关系时也发挥着不可或缺的作用，正所谓“保持充分耐心，才能筑起真心的纽带”。因此，在服务过程中，社会工作者应学会真诚服务、用爱关怀，对服务对象保持充分的耐心。当社会工作者以真诚和耐心的态度对待服务对象，积极主动了解和跟进服务对象的需求和问题并给予及时的信息反馈及沟通时，不仅能让服务对象真真切切地感受到社会工作者的真心与关爱，体会到服务过程中所包含的“人情味”，还能增强服务对象对社会工作者的认可与信任，提升共同解决问题的动力和信心。

二、适度的感情介入

适度的感情介入是指社会工作者对于救助对象所表达的感受和抒发的情绪给予合理与适度的支持、理解及同理心，以达到增强服务对象安全感、敞开心扉与社会工作者交流的目的。在中国传统的人际往来、特殊的文化背景和社会结构之下，绝大多数人似乎已经达成一个共识：“对方对我好，我就必须力所能及地去回报。”开展救助服务必不可少地会涉及情感劳动投入问题，这就要求社会工作者要时刻平衡好一种十分微妙的救助服务关系，保持恰当合理的情感投入，衡量好感情投入的“度”。一旦感情投入超越了合理区间，就很容易陷入“移情”和“反移情”的旋涡，使自己面临双重关系的困境。因此，在建立服务关系之初，社会工作者要向服务对象明确地解释和说明自己的行为是出于专业职责所在，而并非来源于特殊的私人关系；在实施服务过程中，社会工作者要时刻对自己的感情投入进行自我评估，平衡好自身对于服务对象的潜在利益和潜在伤害，避免与服务对象高度共情，保持适度而不过度的感情投入。

案例分享

案例 2-8：由于老人长期缺乏关爱与陪伴，社工的悉心照顾和长时间的陪伴弥补了老人内心的寂寞。当社工为老人进行最后一次访谈，并表示后续将不再对老人进行服务时，老人表现出了情绪低落和失望，交代了很多事情，甚至告诉了社工自己的钱财的位置，有一种交代后事的感觉。出现这一情况主要是由于老人已经将社会工作者当作自己的亲人看待，这便出现了“移情”的情况。①

案例 2-9：服务对象 C 是一名成绩优秀、对自我要求很高的初二学生。但是由于患病的妈妈长期情绪不稳定，经常无缘无故对服务对象 C 发脾气和进行谩骂，使得服务对象 C 对自我肯定很低，时常感到孤独，觉得自己是一个无人疼爱的小孩。在实施服务过程中，社工 Z 除了与服务对象 C 进行正式面谈以外，还会以朋友的身份去陪伴和关心她。慢慢地，服务对象 C 重拾信心。但是在服务过程中出现了“移情”，服务对象 C 将社工 Z 当成了自己未生病前的母亲，经常向社工 Z 表达爱意和送礼物，使得社工 Z 陷于拒绝与接受的两难境地中。

案例 2-10：服务对象 H 同丈夫长期分居，独自抚养读高三的儿子。

---

① 吕洁琼．社会工作者与服务对象的专业关系研究［D］．上海：华东师范大学，2019.

但由于儿子身患重病，服务对象 H 需要长时间无间隙地照顾。由于照顾压力和自身原因，使得服务对象 H 情绪波动较大。在服务过程中，社工 L 没有把握好自己情感投入的“度”，将服务对象 H 看作了自己的亲人，只要服务对象 H 一联系他，无论自己多么忙他都会立刻赶到其家中来帮助和安慰，时刻想着为服务对象 H 排忧解难。

在此案例中，很明显社工 L 过度以服务对象为中心，存在过度同理服务对象现象，出现了“正向反移情”。社工 L 未能合理平衡好自己与服务对象之间的专业关系，同时在服务过程中更多的是由社工来主动“帮助”服务对象解决问题，而非培养服务对象的助人自助能力。这一过程中，不仅未能增强服务对象的独立性，甚至在一定程度上增强了其依赖性，还延误了服务开展进程，降低了服务效果。

案例 2-11：服务对象 A 的儿子由于各种原因不想读书，故寻求社工帮忙。但社工 C 在进行个案跟进的时候发现，服务对象 A 有很强的控制欲，如要求儿子必须听从他的任何安排，对儿子实施高压管理等。这一情况使得社工 C 将以往自己与父母相处的情景投射到此案中，因而难以对服务对象运用同理心做到真正接纳，甚至对服务对象产生了反感情绪。这便是出现了“反移情”困境。

案例来源：案例 2-8、2-9、2-10、2-11 均来自广东省社会工作教育与实务协会

知识链接

应对“移情”困境小技巧

首先，出现“移情”困境切勿采用“一刀切”手段，急着推开服务对象或是与其划清界限，这样反而会适得其反。社会工作者应及时与服务对象一起去寻找和挖掘发生“移情”困境背后的根本原因和被忽视的深层次

需求。如在案例 2–9 中，服务对象 C 的深层次需求即为对母爱和陪伴的渴望。因此，社会工作者应根据原因和需求合理规划应对“移情”困境的办法，这才是应对“移情”出现的关键。其次，及时设立边界感和自我关怀。在服务开始之前，社会工作者就应明确自己在专业关系中需要投入和能够承受的“度”，找到让自己舒适且又能合理调用情绪劳动的位置，这样就能很好地规避“移情”困境。

应对“反移情”困境小技巧

首先，社会工作者要做到公私分明。事实上，避免“反移情”出现的最根本、最有效的措施是社会工作者的自我约束与控制①，要时刻牢记“工作不影响生活，生活不影响工作”原则。如在案例 2–11 中，社工 C 自己的过往经历严重影响了专业关系的建立和服务的开展。其次，学会自我反思与评估。在服务过程中，要时刻对自己的情感投入进行检测和评估，平衡好自身对于服务对象的潜在利益和潜在伤害。最后，合理发挥督导的监督作用，积极与社工站督导沟通与交流。在督导的正确指导下，及时处理好“反移情”困境，处理好自己与服务对象之间的专业关系，将困境对双方的伤害降到最低限度。

三、善用同理心

同理心是在人际交往的过程中能够站在对方角度、换位思考的一种工作方式。它要求运用同理心的人能够体会他人的情绪和想法、理解他人的立场和感受，并站在他人的角度思考和处理问题。许多研究表明，社会工作者越是以同理心与服务对象进行交往，服务对象与社会工作者保持联系的意愿则越强烈。如何运用同理心是一门“技巧”，采用不恰当的方法使用同理心，可能会使得事情往坏的方向发展。因此，社会工作者要学会善用同理心，学习和运用正确的同理心技巧来帮助服务对象。

① 周静．实务工作中，社工如何应对反移情[J]．神州，2013(27)：247.

众所周知，表达情绪是人类共有的需要。在服务过程中，社会工作者要合理运用同理心，及时察觉服务对象的内心情感变化，设身处地地理解和感受服务对象的处境并给予适当的回应，协助服务对象改变，让服务对象感受到温暖与尊重、感受到社会工作者与他们同在，从而减少服务对象的内心戒备，拉近双方的距离。此外，善用同理心还能有效应对非自愿接受帮助的服务对象，通过同理心减轻服务对象的防卫心理，有效传递社会工作者的关怀之心，真正有效地帮助到服务对象。

案例分享

案例 2-12：社工 H 是社会工作专业科班出身，从一线慢慢做起，最后入职五桂山社工综合服务中心。她以同理心切入，帮助服务对象解决困难。帮扶对象——14 岁的小欣（化名），由于初中学习压力有点大，经常难以控制情绪，存在抑郁表现，不得不停学回家。回家后因情绪波动使得其做出打弟弟的行为，经常乱走大叫，邻居也避而远之。从一开始对个案束手无策到圆满成功结案，H 社工表示："我用同理心，找到了解决问题的方法。"她通过前辈指导，搜寻大量有关抑郁症的资料，调整自己的心态，订立介入目标，创造出有利于小欣自我改变的环境氛围，从而使小欣的情况有所好转。

案例来源：五桂山发布（微信公众号）

案例 2-13：江伯伯是一名低保户，患有胰腺癌；父亲卧床不能自理，需要他来照顾。接案之初，江伯伯对社工提供的服务表现出明显的抗拒，对社工所做的事情都表现得非常冷漠，这一现状使得社工开始对自己所做事情的意义表示怀疑。但是在服务过程中，社工无意了解到胰腺癌的科普知识并查阅大量相关资料后，开始理解江伯伯的行为，开始真正尝试去同理江伯伯。在社工的不断坚持和努力下，服务逐渐出现转机：江伯伯开始关心自己的身体了，愿意与外人交流了，脸上也逐渐有了笑容。

案例来源：春晖中心（微信公众号）

四、合理自我定位

在日常生活中，我们总是会听到一些对社会工作者的评价，如“社工是万能的”“有什么事找社工呀”。这种情况的出现，归根结底在于社会工作者未能做好服务对象的期望管理，从而出现了服务对象无边界的、各种各样的期望。因此，在建立和维护救助服务关系的过程中，社会工作者都要学会厘清服务边界，合理自我定位。一方面，社会救助政策本身有一个明确的工作职责细则和救助目标，所以社会工作者要依据《社会救助暂行办法》进行救助服务的合理安排与开展，找准目标定位。另一方面，社会工作者作为协助民政进行社会救助的工作人员，在一定程度上充当着民政专干和民政政策的执行者角色，所以社会工作者要依据政策要求和部门职责找准自己的位置所在。同时，在开展专业服务时，社会工作者要做好服务对象的期望管理。一个清楚明晰的角色定位，一个合适的期望澄清，可以让服务双方都处在一种相对客观的位置，避免出现“专业关系变成依赖关系”“社工一味地帮，或是服务对象一味地等”“认为社工是能够帮助解决所有问题的‘救世主’”等情况。在具体服务过程中，社会工作者更应该牢记所在社会工作机构的使命与规章，学会依据自身所拥有的资源及能力做到量力而行，尽自己所能为服务对象提供最大限度的帮助，而非不切实际地“空想象”“画大饼”。这样才能让服务对象没有期望落差，才能保持良好的专业关系。

本章小结

本章从如何建立救助服务关系入手，主要介绍了发现救助对象的方式、建立救助服务关系要遵循的实践原则和救助服务关系的维护技巧。发现与识别救助对象是开展社会救助的第一步，而建立良好的救助服务关系可以使我们更好地开展救助工作。本章的学习为我们开展社会救助工作打下了良好的基础。那么，如何在精准识别救助对象的基础上更好地认识救助对象的需求呢？第 3 章——如何把握社会救助对象需求，将展开详细的介绍。

第3章
如何把握社会救助对象需求

党的十八大以来，习近平总书记对社会救助作出一系列重要论述，提出一系列新思想、新论断、新要求，系统回答了我国社会救助事业发展的重大理论和实践问题，为我们做好新时代社会救助工作注入了强大动力、指明了前进方向、提供了根本遵循。作为兜底性、基础性制度，社会救助在推进国家治理体系和治理能力现代化过程中发挥着调整资源配置、促进社会公平、维护社会稳定的作用。做好社会救助工作，首要的是了解和评估救助对象需求，做到对症下药，真正解决救助对象的困难。本章主要阐述社会救助需求的基本类型与特点、评估方法和评估工具，以及如何利用这些评估方法和评估工具去了解和评估救助对象的真正需求，从而采取有效措施帮助救助对象脱困。

第一节　社会救助需求的基本类型与特点

一、社会救助需求的基本类型

依据社会救助的主要内容和特征，可以将社会救助需求分为物质类需求、精神类需求和服务类需求三种基本类型。

（一）物质类社会救助需求

物质类社会救助需求是指救助对象在物质方面想要获取的救助，包括现金、日常生活用品等。这种类型的社会救助需求是普遍存在的，是社会救助的最基本需求，无论是生活救助、教育救助还是住房救助等都涉及物质类社会救助需求。

案例分享

案例3-1：老李的儿子因车祸去世，留有一个孩子小力，后来儿媳改嫁。小力今年10岁，上小学四年级，由老李抚养，爷孙俩生活拮据。社工于2020年在入户走访过程中了解到老李家的情况：家中没有稳定的收入来源，并且小力正值上学和长身体的年龄，家庭重担全落在老李一个人的肩上，他不仅要照顾小力的生活，还得帮人打零工、收点破烂获得微薄的收入。

案例来源：湖南省宁乡市S镇社工站

在此案例中，老李一家的情况是急需社会救助的，并且首要的是物质类社会救助。由于当前老李因年龄问题行动越来越不方便，孙子小力还要上学，因此社会工作者依据社会救助政策为其申请低保，并链接了一些社会资源（爱心企业的贫困助学基金等）给予其家庭一些助学金和生活物资等。

（二）精神类社会救助需求

精神类社会救助需求是指救助对象在精神方面想要获取的救助需求，包括得到精神慰藉、精神支持以及心理咨询等。经济基础决定上层建筑，救助对象在物质方面比较缺乏，长此以往，精神方面也会有一些匮乏；再加上当今社会经济高速发展，各种压力也越来越大，每个人都会或多或少地产生一些心理问题。当前，社会救助也由原来重视物质类需求逐渐转向物质与精神需求的双重关注。

案例分享

案例3-2：小苏，今年6岁，正在上幼儿园。生父母未办理结婚手续，生母在她出生32天后离家出走，未回家，但保持电话、微信联系。小苏由“奶奶”照顾到4岁左右，两年前“奶奶”去世。后经小苏和养父老苏DNA鉴定，不是医学父女关系，目前她还没有上户口。养父老苏今年52岁，身体状况不佳，在家门口打零工，每个月收入2000元左右，家庭经济压力较大。家庭环境杂乱不堪，到处都散发着异味。小苏现在还和养父同睡，床上被子也相对单薄。在与小苏交谈中，社工得知，小苏想念妈妈，从没有看到过妈妈，缺乏母爱，渴望母爱。小苏在家大多数时间都是看手机，用手机玩游戏，家里无玩具和儿童读物，成长环境支持有限。

案例来源：湖南省宁乡市 M 镇社工站

在此案例中，可以很明显地看出小苏的家庭不仅在物质方面需要得到一定救助，更重要的是帮助小苏解决心理方面的问题。因此，社会工作者时不时会以打电话的方式关心小苏的心理问题，并定期上门对小苏进行心理辅导，调整其心态。

（三）服务类社会救助需求

服务类社会救助需求是指救助对象需要获得的各种生产生活服务的救助。当前，社会救助改革创新工作正在稳步推进，许多省市都在积极探索新的社会救助形式和方式，追求多角度、多方位地照顾到救助对象，“物质类救助+服务类救助”成为社会化服务的新路径。

案例分享

案例 3-3：崂山区建立区社会救助综合服务中心，依托 167 个社区网格工作站设立社会救助工作站，实现救助服务事项由社区“格格”零距离“帮办代办”、困难家庭申请救助“零跑腿”。通过政府购买服务的方式，组织专业社会组织对全区 2000 余名低收入人口的救助服务需求进行入户调查，形成了《崂山区困难群众服务类救助需求评估报告》，为打造“物质+服务”的救助体系提供科学依据。可以看出，崂山区政府不仅关注低收入人口的物质类救助需求，也越发意识到服务类救助需求的重要性，采取入户调查的方式切实为人民群众打造“物质+服务”的救助体系。

案例来源：《中国社会报》

二、社会救助需求的特点

（一）多样性

社会救助需求分为物质类需求、精神类需求和服务类需求，在每种需求之下又有着细小多样的具体需求。物质类需求包括食物救助、衣被救助、安居救助等，还分为现金救助和实物救助两种方式；精神类需求包括心理安抚、心理咨询、精神慰藉、精神支持等；服务类需求包括为老年人、残疾人提供理发、打扫屋子、照料护理等。这些细小的需求涉及人们的吃穿住行，涉及人们的基本生产生活。因此，社会救助需求具有多样性。

（二）复杂性

社会救助需求的对象通常是老年人、未成年人、残疾人、重大疾病患者和失业者。有时，救助对象既是老年人也是残疾人，或既是未成年人也是重大疾病患者等，情况非常复杂。救助对象的复杂性决定了需求也是复杂的，不仅有物质类需求，还可能会存在精神类需求或服务类需求。因此，社会救助需求具有复杂性。

（三）紧迫性

社会救助的目的是真正达到难有所帮、弱有所扶、困有所助，这表明社会救助对象是急需帮助的困难群体。为了有针对性地帮助困难群体，就需要先对其进行需求评估，只有明确其需求，才能及时采取有效措施，这表明救助对象需求评估是比较紧迫的；在评估完救助对象的需求后，需要马上采取措施满足其需求，第一时间让救助对象的情况有所缓解，从而改善其受困状况，这表明满足救助对象需求也是比较紧迫的。因此，社会救助需求具有紧迫性。

第二节　社会救助需求评估方法

要想了解服务对象的具体社会救助需求，就需要运用一定的评估方法。本节主要介绍一些常用的社会救助需求评估和分析方法，包括询问法、咨询法、观察法、入户走访和利用已有资料等，并通过案例进行说明。

一、社会救助需求基本评估方法

（一）询问法

询问法是评估救助对象需求最常用、最直接、最基本的一种方法。社会工作者可以通过面对面交流的形式引导救助对象回答问题，以此全面了解救助对象的情况与需求。询问法不仅适用于救助对象本人，还可以通过询问的方式从救助对象的家庭成员、工作单位、同事或朋友处取得救助对象的有关信息。当直接询问的方式不能很好地了解救助对象的需求和问题时，社会工作者可以采用间接询问探查的方法，让救助对象通过角色扮演的方式来帮助自身表达情况。

询问的方式主要有两种：

会谈。会谈既可以是个人会谈，也可以是小组会谈。为提高会谈的效果，社会工作者需要学习一些会谈技巧，如提问、话题衔接、表达感受和总结等。

角色扮演。在某些情况下，以角色扮演的方式收集资料可以帮助社会工作者了解救助对象的需求与问题。

案例分享

案例3-4：小王，初二在读学生，妈妈为智力残疾加视力残疾。由于母亲无法劳动，父亲一人的照顾能力和精力有限，小王很长一段时间都不会洗澡，身上异味很重，班上的同学都不愿与他交往，这也让小王越来越孤僻。同时，小王一家一直没有为小王妈妈办理残疾证，而没有残疾证的家庭成员可能被视为有正常劳动能力，在进行救助申请的时候是不能核减收入的，但实际上小王妈妈无劳动能力。碰巧社工与村干部入村走访的时候发现了这一家庭的特殊性，便立马与小王父亲取得联系并预约了下次访谈的时间。

社工介入后，首先是通过小组会谈，询问了小王的几个邻居，先了解小王的基本家庭情况；其次，直接与16岁的小王进行会谈，以亲人的口吻来询问小王目前的情况，并对其进行心理辅导，了解孩子内心真实的想法；最后，对其进行社会救助，主要是申请低保和协助办理残疾证、个案辅导等服务救助。

案例来源：湖南省宁乡市J镇社工站

在此案例中，社会工作者主要是通过询问的方法了解小王的社会救助需求，先是对其邻居进行询问，了解大致情况，从而做到心中有数，之后再小心、耐心地询问小王与其父亲，进而更加明确其社会救助需求。

（二）咨询法

在评估救助对象需求时，社会工作者可能会遇到一些自身不熟悉的领域，比如救助对象的心理问题、一些特殊情况涉及的法律问题等。为了对救助对象的情况有更全面、更科学的认识，社会工作者可以向与此有关的专业人士咨询意见。

案例分享

案例3–5：小远，今年10岁，父母均为残疾人，父亲患有尿毒症，母亲为视力残疾，家庭经济条件较差，为低保户。因家庭情况和成长环境导致小远缺乏自信，性格较为孤僻。社工是在跟随村/社区干部进行低保家庭入户走访时，了解到小远的家庭情况的。为了增加小远的社会支持网络，社工在举办小组/社区活动时也邀请了小远参加。刚参加活动的小远不太合群，很容易与其他参加活动的小朋友发生矛盾，甚至出现打骂的情况。但在社工的关心照顾和耐心协调下，几次活动后，小远逐渐融入集体，并说要交到更多的朋友。

小远的情况不仅仅是需要进行物质救助，精神救助对其来说更为关键。从最初不愿与其他小朋友交往、容易与其他小朋友发生矛盾到最后融入社区的过程可以看出，在社工介入初期，小远急需心理辅导。社会工作者在这一方面不太擅长，于是就与当地的心理咨询机构联系，向心理咨询师说明情况，并询问其专业意见，从而更好地开展小远的心理辅导和思想矫正。

案例来源：湖南省宁乡市 S 镇社工站

在此案例中，社会工作者主要是采取咨询的方法开展救助需求评估的，因为社会救助需求是多种多样的，社会工作者的能力和知识是有限的，于是就要咨询相关的专业人士，从而更好地解决受助者的困难。

（三）观察法

社会工作者通过观察的方式进一步了解救助对象的实际情况，并对救助对象的需求作出一定的判断。这样做可以使社会工作者对救助对象的难处有更深刻的体会。

观察分为两种形式：

参与观察。简单来说，就是社会工作者将自己融入救助对象的生活，成为他们的一分子。这样做的好处是能够更真切、更全面地了解救助对象的需求。同时也要注意在参与观察的过程中，不能因为过度介入而影响观察的结果。

非参与观察。社会工作者不与救助对象接触，不对救助对象产生任何影响。这样做可以使社会工作者对救助对象的情况和需求作出更为客观的评估。

案例分享

案例 3-6：邓阿姨，84 岁，社区高龄老人，多年前从江西老家来到郑州儿子家生活。儿子、儿媳忙于生意，早出晚归，无暇照顾老人的日常生活起居。小孙子上下学都由父母接送，白天也不在家中。由于邓阿姨是外地人，有着很重的地方口音，不会讲普通话，很少与小区其他居民沟通和交流，经常独自一人进出。邓阿姨作为高龄老人，身体看似硬朗，但总感觉身体不适，特别是有些时候会感觉头晕、头疼，在家中的娱乐活动就是听收音机，偶尔会参与居委会组织的社区活动。

邓阿姨的需求是社区工作人员在进行日常社区参与观察和非参与观察时了解到的。社区工作人员首先是在非参与观察——举办社区活动时，观察到邓阿姨不经常与其他居民进行沟通和交流；之后，征得其家人的同意，开展了参与观察，了解到邓阿姨的家庭情况和身体情况。

案例来源：中国社会工作联合会官网

（四）入户走访

为进一步了解救助对象的情况和需求，社会工作者常常也会采用入户走访的形式。通过入户走访，社会工作者有机会对救助对象的家庭生活环境和相关社会系统进行了解。在入户走访过程中，社会工作者往往能发现很多在机构会谈中不能发现的有价值的信息，这些信息可能有利于满足救助对象的需求。

案例分享

案例 3-7：王先生，44 岁，双目失明，视力一级残疾，一直单身未结婚，与父亲王某某、母亲贺某某共同生活。2011 年 8 月的某个凌晨，发现有人在家门口遗弃一名婴儿，随后收养，直到 2018 年 9 月经过 DNA 亲子鉴定和登报寻亲等手续后落户在王先生名下，目前 4 人一起共同生活。王先生因视力一级残疾，曾通过电话咨询社会事务办，申请事实无人抚养儿童待遇和低保。事务办主任让其回家准备资料，派出所开具证明。因为种种原因，一直未能成功办理。

社区工作者在大致了解王先生一家的情况后，先是对其进行电话询问，但王先生阐述的家庭情况不够详尽，因此，社区工作者决定采用入户走访的形式对其进行详细的了解，从而制订社会救助方案。在进行入户走访后，才真正了解到王先生家庭目前的困境所在，不仅有抚养儿童问题，还有自身视力残疾和经济来源问题等。

案例来源：湖南省宁乡市 M 镇社工站

二、社会救助需求主要分析方法

询问法、咨询法、观察法等上述方法是社会工作者常采用的基本评估方法，除此之外，社会工作者还可以利用已有资料，对救助对象的家庭结构、社会生态系统和社会网络等进行分析，从资料中分析了解救助对象当前的社会生活全貌，从而更全面地分析救助对象需求。

（一）家庭结构图

家庭结构图一般用于分析救助对象的家庭结构、家庭成员之间的关系以及家庭的一些重大事件等。它以简明的图形形式展示了救助对象的家庭历史、婚姻、伤病、死亡等家庭重要事件，以及家庭成员间的互动情况等重要信息。因此，社会工作者可以很容易掌握救助对象的家庭基本情况，并以此作为依据评估救助对象的需求。

社会工作者在使用家庭结构图时需要注意，家庭结构图中所使用的不同符号都有自己特定的含义。一般男性用方形（□）表示，女性用圆形（○）表示；配偶关系用线条表示，实线（——）代表已婚配偶，虚线（--------）代表未婚关系；用线条的粗细程度来表示关系的密切程度，粗线（——）代表关系密切，细线（——）表示关系不好；夫妻分居、离婚分别用一条反斜线（/）、两条反斜线（//）表示。孩子的排列以出生时间的先后从左到右，死亡的家庭成员在方形或圆形图上画叉（×）表示；如果可能的话，还可以在图上标注出每个人的名字和年龄；有关结婚、分居、离婚、死亡等情况都可以用不同符号来表示，如 M’2011 表示 2011 年结婚，S’2022 表示 2022 年分居，C 表示同居，D 表示离婚；工作、生病、搬迁、意外事故等家庭重大事件，可以通过另外一些简单的符号来记录。

（二）社会生态系统图

社会生态系统图主要用来表示救助对象的社会生活全貌，它不仅可以清楚地呈现救助对象个人、家庭之间的内部联系，而且可以呈现救助对象个人的社会系统与外界系统之间的相互作用和影响。社会生态系统图可以帮助社会工作者了解救助对象与其他系统之间的互动情况，并将系统之间能量流动和关系本质清楚地呈现，从而使社会工作者能够更准确地评估救助对象的真正需求。

在社会生态系统图中，救助对象及其家庭系统在中间的圆圈内，其他与之有关联的社会系统也用圆圈表示，各社会系统之间的关系特征都用线条来表示。社会工作者可以用社会生态系统图给救助对象一个全新的视角去认识自己以及自身所处的环境。

例如从图 3-1 中，社会工作者可以看出救助对象李某一家的家庭环境、社会系统关系及其强弱程度，以及个人、家庭、社区可运用的资源等。这些信息都可以有效地帮助社会工作者去评估救助对象的需求。

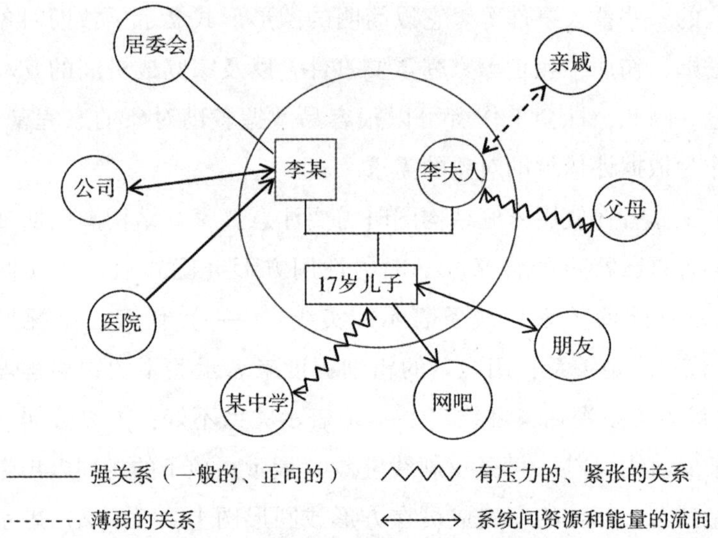

图 3-1　李某一家社会生态系统图

（三）社会网络分析

社会网络分析是用来评估救助对象的社会支持系统的工具，目的在于帮助社会工作者准确理解人们是因为什么、怎样通过社会交往或资源的交换而相互作用和影响的。这也为社会工作者准确理解救助对象的需求及情况提供了帮助。其中，社会支持指的是个人与社会环境的正向互动。社会网络是由正式社会支持网络和非正式社会支持网络组成的，正式社会支持网络包括社会工作者、教师、律师、医生和其他专业的助人者，而非正式社会支持网络包括家庭、邻居、同事、朋友等。

首先，社会工作者可以运用社会网络评估表（见表 3-1），找出救助对象的正式社会支持网络和非正式社会支持网络。社会网络评估表使用步骤：第一步，由救助对象找出社会支持网络成员。第二步，对社会支持网络成员进行分类。第三步，救助对象描述对社会支持网络成员的看法。

表 3-1　社会网络评估表

序号	姓名	电话	关系	助人意愿	助人能力	接触频次	关系密切程度
1	王某	184××××9308	邻居	强	缺乏助人知识和技巧	每周	密切
2							
3							
4							
……							

其次，社会工作者在了解救助对象的社会支持网络后，可以通过“社会网络格”来评估救助对象的社会网络资源和社会支持情况（见表 3-2）。

表 3-2　评估对象社会网络资源和社会支持表

序号	姓名	支持来源	提供的实质性支持	提供的情感支持	提供的信息与意见	与服务对象密切程度	与服务对象见面的频率	与服务对象认识的时间
		1. 家庭 2. 其他人 3. 机构 4. 社会组织 5. 专业人士	1. 从未 2. 很少 3. 有时 4. 总是	1. 从未 2. 很少 3. 有时 4. 总是	1. 从未 2. 很少 3. 有时 4. 总是	1. 不亲密 2. 亲密 3. 很亲密	1. 不见面 2. 每年 3. 每月 4. 每周 5. 每日	1. 1 年 2. 1~5 年 3. 5 年以上
1	张某	2	3	2	3	1	2	2
2								
3								
……								

“社会网络格”使用步骤：第一步，询问服务对象社会支持网络的相

关信息。第二步，将信息写在提示卡中，提示卡包含层级如“从未、很少、有时、总是”等。第三步，将提示卡内容汇总到“社会网络格”中。

使用“社会网络格”，社会工作者可以对救助对象的环境资源进行分析，通过对救助对象微观和宏观社会处境的分析，整理出救助对象个人、家庭和社区的社会网络及其提供的资源和支持。

最后，社会工作者在确定社会网络构成后，就可以绘制出社会网络图。具体方法是：由服务对象找出他们的社会支持网络成员，并将这些支持成员和支持内容按其所回应的具体问题进行分类，然后描述他们如何看待所获得的这些支持。

第三节　社会救助需求评估工具

要想对社会救助需求进行完整的全面的评估，还需要借助一些评估工具才能完成。

一、社会救助需求调查表

社会工作者通过上述评估方法能够切实地发现一些需要社会救助的人群，但也需要通过社会救助需求调查表事先进行大范围需求调查，从而更加便捷有效地进行救助人员的筛选。

社会救助需求调查表的针对范围是非常广泛的，通常是社区或农村全部住户，因此，在编制调查表中的问题时，要注意以下几点：一是要对社区或农村整体情况有所把握，比如地理环境、人口状况等；二是涵盖的内容要尽可能全面，包括经济状况、医疗教育资源情况、文化特点等，这些都与人们的生活息息相关，是人们正常生产生活的重要保障；三是问卷设计要直截了当、指向明确，同时要注意语气措辞恰当。社会救助需求调查表主要包含以下内容。

（一）基本情况

基本情况包括家庭的人口数量、上学子女数量、老人数量、就业人口数量，以及家庭的经济收入、支出情况、欠债情况等（见表 3-3）。要对评估对象有一个基本的了解，为后续的其他调查奠定基础。

表 3-3 评估对象基本情况调查表

1. 您的性别 A. 男　B. 女
2. 您的受教育程度 A. 小学　B. 初中　C. 高中或中职　D. 大学　E. 研究生及以上
3. 您的家庭属于下面哪种情况 A. 低保家庭　B. 低收入家庭（人均月收入 1430 元以下） C. 家庭经济状况困难，未申请过低保　D. 低收入，申请过低保 E. 低收入，申请过低保但未通过　F. 其他
4. 您的家庭共同生活成员数量 A. 1 人　B. 2 人　C. 3 人　D. 4 人及以上
5. 您家庭成员中的小孩读书阶段 A. 未到幼儿园阶段　B. 幼儿园　C. 九年义务教育　D. 高中 E. 大学及以上　F. 其他
6. 您家庭成员中一起生活的 65 周岁以上老人数量 A. 0 人　B. 1 人　C. 2 人　D. 3 人及以上
7. 您家庭成员中的残疾人口数量 A. 0 人　B. 1 人　C. 2 人　D. 3 人及以上
8. 您家庭成员中的残疾人等级及类型 A. 肢体残疾（一级　二级　三级　四级　无） B. 精神残疾（一级　二级　三级　四级　无）
9. 您家庭成员中患慢性病或重病人数 A. 0 人　B. 1 人　C. 2 人　D. 3 人及以上
10. 您的家庭共同生活成员就业人数 A. 1 人　B. 2 人　C. 3 人　D. 4 人及以上
11. 您的家庭成员未就业的原因 A. 年龄原因　B. 身体原因　C. 找不到合适的工作　D. 照顾家人 E. 其他
12. 您的家庭年总收入约______万元

续表

13. 您的家庭收入组成 A. 工资（含打工收入）______元/月　B. 退休金等社会保障性收入______元/月 C. 出租房屋收入______元/月　D. 获得赡养、抚养、扶养费______元/月 E. 理财收益______元/年　F. 经营小店铺收入______元/年 G. 盈利或分红______元/年　H. 种养殖收入______元/年 I. 政府各项补贴______元/年　J. 拆迁、土地征收收入______元/年
14. 您的家庭开支 A. 用于医疗______元/月　B. 用于教育______元/月 C. 用于日常生活______元/月　D. 用于赡养老人______元/月 E. 用于住房______元/月　F. 用于就业培训______元/月 G. 用于照顾残疾人______元/月　H. 用于缴纳社会保险______元/月
15. 您的家庭总借债金额 A. 1000 元以下　B. 1000~5000 元 C. 5000~10000 元　D. 10000 元以上

（二）教育、医疗、农业生产等方面需求调查

1. 教育需求调查

教育是民生之基。在进行社会救助需求调查时，要将教育放在首要位置。对于孩子教育而言，最重要的是孩子上下学的路程时间、安全问题以及学费问题。因此，可以从以下方面进行教育需求调查（见表 3-4）。

表 3-4　评估对象教育需求调查表

1. 按分钟计算，本户学龄儿童（5~14 岁）一般去学校需要多长时间（走路、骑自行车、骑摩托车或乘公共交通工具等） A. 本户无学龄儿童　B. 孩子通常住校　C. 不清楚 D. 本户没有孩子　E. ____分钟
2. 本户能负担得起孩子的学费和学习用品费用吗 A. 不能负担　B. 很少能　C. 有时能　D. 通常能　E. 能 F. 本户不负担学费而且无法负担学习用品费用 G. 本户不负担学费但能负担学习用品费用 H. 家庭不负担学费及学习用品费用
3. 您认为本户女童可能接受到的最高教育程度是什么 A. 本户无女童　B. 不清楚　C. 可能接受的最高教育程度________
4. 您认为本户男童可能接受到的最高教育程度是什么 A. 本户无男童　B. 不清楚　C. 可能接受的最高教育程度________

2. 医疗需求调查

健康是民生之本，有好的身体才能够确保正常的社会生活。医疗需求调查要从平时生的小病出发，了解其社区或村镇是否有相应的医疗机构，是否能够对平时的病症提供积极正确的治疗。因此，在进行医疗需求调查时，要包含以下内容（见表 3-5）。

表 3-5　评估对象医疗需求调查表

1. 在过去 12 个月中，本户成员生了几次病（指任何一种非严重疾病） A. 从不　B. 一或两次　C. 每月一次　D. 每月几次 E. 约每周一次　F. 每周几次　G. 每天　H. 不清楚
2. 在过去 12 个月中，本户成员生了几次重病（指病情过重卧床不起或卧床两天以上） A. 从不　B. 一或两次　C. 每月一次　D. 每月几次 E. 约每周一次　F. 每周几次　G. 每天　H. 不清楚
3. 本户成员到最近的可诊断简单疾病或处理简单创伤并开具基本药物的医疗机构就诊需要多长时间 A. 如患一般疾病，在家自行诊断并服用药物　B. 本地区无医疗机构 C. 医疗机构距离过远，无法就诊　D. ______分钟
4. 上述医疗机构能提供充足的治疗吗 A. 从不　B. 很少　C. 有时　D. 经常　E. 总是　F. 不清楚
5. 本户成员到最近的可以诊断并治疗复杂或严重疾病及创伤（可进行手术）的医疗机构就诊需要多长时间 A. 本地区无医疗机构　B. 医疗机构距离过远，无法就诊 C. 不清楚　D. ______分钟
6. 本户成员能负担得起非严重疾病或创伤的专业治疗费用吗（如果家庭选择如此） A. 不能负担　B. 能，但需要借钱　C. 能，但困难很大 D. 能，但有些困难　E. 能，政府或雇主帮助　F. 本户能负担
7. 本户成员能负担得起严重疾病或创伤的专业治疗费用吗（如果家庭选择如此） A. 不能负担　B. 能，但需要借钱　C. 能，但困难很大 D. 能，但有些困难　E. 能，政府或雇主帮助　F. 本户能负担
8. 对您村/地区的大多数农户来说，您认为在需要时，女人或是男人谁有更好的机会获得医疗服务 A. 女人　B. 男人　C. 大致相同　D. 不清楚
9. 您认为您村/地区的医疗机构（距离两个小时之内路程）通常能在女性需要时为其提供充足的医疗服务吗 A. 我所在的村/地区没有医疗保健中心　B. 从不　C. 很少 D. 有时　E. 经常　F. 总是能，但妇女不愿意去，因为医生是男性

3. 农业生产需求调查

对于大多数农户来说，农业生产是主要的经济来源，是其生活保障。大多数农民都有自己的耕种土地。因此，在进行农业生产需求调查时，要从其所拥有的农业用地入手，了解其在日常耕作等方面有哪些需求（见表3-6）。

表3-6　评估对象农业生产需求调查表

1. 本户有农业用地吗（包括农作物用地、草场和林地） A. 是　B. 否
2. 本户的农业用地有多少（包括农作物用地、草场和林地） A. ______公顷　B. 不清楚
3. 本户大多数土地是平地、缓坡地还是陡坡地 A. 不清楚　B. 陡坡地　C. 缓坡地　D. 平地 E. 梯田　F. 混合型
4. 本户大多数土地的土壤类型是什么 A. 不清楚　B. 严重石化　C. 黏土　D. 沙土 E. 壤土（黏土、沙子和/或淤泥混合而成）　F. 湿土 G. 旱土　H. 混合型土壤，指明：______　I. 其他，指明：______
5. 过去两年中各生长季节内，本户能购买或自产足够的堆肥、粪肥或化肥吗 A. 本户认为不需要使用堆肥、粪肥或化肥　B. 不能 C. 很少　D. 有时　E. 经常　F. 总是
6. 过去两年中各作物种植期内，本户能购买足够的种子吗 A. 不用，本户已经储存种子　B. 不能　C. 很少 D. 有时　E. 经常　F. 总是　G. 其他，指明：______
7. 本户一般能获得充足的农作物用水吗 旱　季：A. 从不　B. 很少　C. 有时 其他时候：A. 经常　B. 总是　C. 我们所在地区无旱季 D. 很少或没有农作物用水
8. 本户一般有足够的人力耕作、管理本户的农地吗 A. 从不　B. 很少　C. 有时　D. 经常　E. 总是

采用社会救助需求调查表进行评估时，需要注意：在编制调查表问题时，要遵循目的性原则、逻辑性原则、通俗性原则、便于处理原则和合理的问卷长度原则5个原则，要注重结合具体的实际情况；在发放问卷时，

要向调查对象讲清楚问卷内容及填写方式，尽可能确保问卷内容填写真实。

二、社会救助需求评估量表

社会救助需求调查表的作用是了解服务对象的基本生活情况，从而明确其社会救助需求。而社会救助需求评估量表的作用则是了解服务对象当前需要何种程度的社会救助等，从而制订有针对性的社会救助方案。

编制评估量表，首先，要对需求进行大致的分类，比如养老需求，可以分为自理能力、认知能力、情感行为、社会功能和健康养生五大具体需求。在明确这些具体需求后，就要确定详细的条目池。其次，在选取确定条目池时，一级条目池对应上述的 5 个方面需求，主要依据当前学术界的相关理论和社会服务实践进行确定；而二级条目池，则主要通过访谈和社会调查法确定，从而更加符合当前养老现实需求。最后，在确定一、二级条目池后，要进行专家函询，按照 Likert 5 级评分法将量表一级条目和二级条目分为 5 个等级：5 分为非常重要，4 分为比较重要，3 分为一般重要，2 分为不重要，1 分为完全不重要。由专家对重要程度打分，同时请专家提出修改意见；再依据意见进行修改，确定评估量表的具体内容。

在运用社会救助需求评估量表时，不仅需要社会工作者通过询问、咨询、观察、入户走访等方法对服务对象的各种具体需求进行详细的评估，也需要救助对象按照社会救助需求评估量表依据自身实际情况进行打分，从而结合社会工作者的具体评估，制订出有针对性的社会服务方案。下面以养老需求评估量表①为例。

（一）老年人自理能力评估

自理能力是老年人最基本的生活需求，也是首要的评估项目。该评估分为 4 个等级，是从老年人的各项二级条目出发对其进行评估的，从而形成等级划分：0~25 分是完全残疾，几乎丧失所有的自理能力，完全需要

① 王慕然，柏亚姝，宋玉磊，等．养老需求评估量表的编制[J]．护理研究，2020，34(2)：188-191.

依赖别人生活；26~50 分是中度功能障碍，生活依赖明显，只有一小部分事情自己能够单独完成；51~75 分是轻度功能障碍，生活大多数时候都能够自理，但偶尔也需要别人帮助；76~100 分则是生活基本能够实现自理，几乎不需要别人帮助（见表 3-7）。

表 3-7　老年人自理能力评估量表

一级条目	二级条目	等级划分			
		0~25 分	26~50 分	51~75 分	76~100 分
		生活完全依赖	生活依赖明显	生活需要帮助	生活能够自理
自理能力	穿脱衣服				
	平地走动				
	洗澡				
	移动位置				
	如厕				

（二）老年人认知能力评估

认知能力是基于自理能力的第二基础需求。该评估选取近期记忆力和时间、地点、人物定向力为二级条目。这些能力是经过综合考虑和专家评定后的对于老年人而言需要且必备的基础认知能力。0~25 分是重度认知障碍，记忆力下降非常严重，对于人物或时间等已没有认识；26~50 分说明评估对象有一点记忆力，对人物、时间、地点等偶尔能想起来；51~75 分说明评估对象的认知较为正常，只要经过提醒或稍加努力就能回忆起来；76~100 分则说明评估对象在记忆力和时间、地点、人物定向力方面都没有问题（见表 3-8）。

表3-8 老年人认知能力评估量表

一级条目	二级条目	等级划分			
		0~25分	26~50分	51~75分	76~100分
		重度认知障碍	中度认知障碍	轻度认知障碍	正常
认知能力	近期记忆力				
	人物定向力				
	地点定向力				
	时间定向力				

（三）老年人情感行为能力评估

该评估主要选取4个二级条目，分别为妄想、昼夜颠倒、拒绝帮助和与亲友关系，反映了老年人在思想、社交等方面的需求。0~25分说明评估对象在情感行为方面是比较极端的；26~50分说明评估对象能够意识到自己的情感行为，但是无法进行较好的控制；51~75分说明评估对象能够控制自己的情感行为，但这种控制或者短暂，或者需要外力帮助；76~100分则代表评估对象能够像正常人一样对待自己的情感行为（见表3-9）。

表3-9 老年人情感行为能力评估量表

一级条目	二级条目	等级划分			
		0~25分	26~50分	51~75分	76~100分
		重度功能障碍	中度功能障碍	轻度功能障碍	正常
情感行为能力	妄想				
	昼夜颠倒				
	拒绝帮助				
	与亲友关系				

（四）老年人社会功能评估

该评估涉及社会生活的方方面面，是服务对象进行社会生活的基础需求。二级条目分别为服用药物、处理财务、决定日常事务、参加集体活动、上街购物、做家务能力和去医院就诊。0~25 分说明评估对象完全无法进行社会生活，几乎丧失社会功能；26~50 分说明评估对象能够进行一些简单的社会行为，但大部分时候或状态下需要其他人帮助；51~75 分说明评估对象能够参与社会生活，只是偶尔需要别人帮助，或者只是在某一方面比较困难；76~100 分则代表评估对象能够像正常人一样参与社会生活，社会功能几乎都正常（见表 3-10）。

表 3-10　老年人社会功能评估量表

一级条目	二级条目	等级划分			
		0~25 分	26~50 分	51~75 分	76~100 分
		重度功能障碍	中度功能障碍	轻度功能障碍	正常
社会功能	服用药物				
	处理财务				
	决定日常事务				
	参加集体活动				
	上街购物				
	做家务能力				
	去医院就诊				

（五）老年人健康养生能力评估

这一维度的评估相对于前四个维度来说，是对于较高生活质量需求的评估，是对前四个维度的补充和提升。因为只有满足了前四个维度的需求，才能够进一步评估这一需求。该评估包括睡眠、保健、防跌倒、情绪管理、常见疾病食疗、活动养生和营养配餐 7 个二级条目。0~25 分说明评估对象完全无法依靠自己进行健康养生，几乎丧失这方面的能力和意识；26~50 分说明评估对象相对于完全丧失功能而言，能够对某些方面进行控制，但在很大程度上需要别人帮助；51~75 分说明评估对象在健康养生方面基本上能够做到，但在某些方面需要别人帮助，或者在某些时候需要别人帮助；76~100 分则代表评估对象能够像正常人一样进行健康养生活动（见表 3-11）。

表 3-11　老年人健康养生能力评估量表

一级条目	二级条目	等级划分			
		0~25 分	26~50 分	51~75 分	76~100 分
		重度功能障碍	中度功能障碍	轻度功能障碍	正常
健康养生能力	睡眠				
	保健				
	防跌倒				
	情绪管理				
	常见疾病食疗				
	活动养生				
	营养配餐				

采用社会救助需求评估量表时，不仅需要社会工作者依据各种方法得到的结果填写一份，还需要评估对象依据自身情况填写一份，然后将这两份评估量表的结果进行对比分析，从而更加全面地了解评估对象的社会救助需求。

通过以上老年人养老需求评估量表案例，我们可以获得一些借鉴和参考：一是明确社会救助需求类型。明确到底是精神类社会救助需求，还是物质类或服务类社会救助需求，抑或是两者或三者的结合。二是详细划分社会救助需求。比如案例中的养老需求划分为五大类目，即自理能力、认知能力、情感行为能力、社会功能和健康养生能力。在进行社会救助需求评估时，可结合社会救助需求调查表进行具体的类目划分。三是拟定二级条目。比如案例中的养老需求划分为 27 个二级条目。在进行社会救助需求评估时，条目的拟定要依据社会救助需求调查表，并结合生活实际进行划分。四是制定评估等级。等级要依据二级条目，以及社会救助对象的具体实际进行划分。

三、SPSS 软件工具

SPSS 是一款数据分析软件，全称为“统计产品与服务解决方案”(Statistical Product and Service Solutions) 软件。其主要功能是对数据进行管理，形成相应报表，方便使用者进行分析；同时，还能依据数据进行统计建模，轻松地实现从抽样设计、统计描述到复杂统计建模以发现影响因素的整个分析过程。统计模型的类型有很多种，包括方差分析模型、线性回归模型等。该软件具有操作简便、编程方便、功能强大、数据接口通用和模块组合灵活等优势，应用越来越广泛。

在进行社会救助需求评估时，为方便整体地了解评估对象的现状，就可以采用 SPSS 工具对收集到的数据进行建模分析，从而制订详细的有针对性的社会救助方案。使用 SPSS 软件工具进行完整的数据分析，可以分为 5 个流程：一是数据获取。将社会救助需求调查表和评估量表得来的数据导入此软件中。二是数据存储。对于数据量不大的项目用 Excel 表格软件进行储存便可，也可以用 SPSS 软件的数据存储功能。三是数据预处理。是指对获取到的数据进行异常值、缺失值等问题的处理，比如对于某些在导入时出现格式错误或最开始输入时漏掉的数据进行相应处理，从而使所有数据的格式都是一样的，方便后期的建模分析。四是建模与分析。比如测度社会救助需求调查表与评估量表的信度和效度，明确所设置的问题以及收集的数据的可靠性、一致性和准确性。五是可视化分析。是指建模之后形成分析报告，使结果更加一目了然。①

四、参与式农村评估

参与式农村评估（Participatory Rural Appraisal，PRA）是一种快速收

① 赵晓进，梁芝栋，邵立杰，等.SPSS 软件非线性回归功能的分析与评价[J].统计与决策，2021，37(23)：20-22.

集农村资源状况与优势、农民愿望和发展途径等信息的新方法。它可以促使当地民众不断加强对自身、社区及其环境条件的理解，与社会工作者共同分析他们的生活状况并一同制订计划。这一方法强调 3 个支柱：一是思想行为和态度，即社会工作者以何种思想和态度去进行评估；二是知识共享，即社会工作者和当地民众的知识体系的有效融合；三是 PRA 工具的运用，主要包括绘制地图、机构关系图、联系图，制作模型，进行差异性分析、矩阵打分和排序。该评估法的工作要点和核心是：真诚和广泛地听取社区成员的意见；尊重社区成员，对社区成员所知、所说、所为、所示表现出兴趣；耐心听取意见，不鲁莽，不打断对方；多听、少说，忌用自己的观点诱导社区成员；谦虚、热情，鼓励社区成员表达、交流、分享他们的知识。①

在进行社会救助需求评估时，社会工作者可以借助这一评估法深入社区或农村进行信息收集，以了解当地群众参与活动的真实性和对待调查结果的态度，从而获得更真实有效的数据，明确评估对象的需求，进而制订有针对性的解决方案。

五、SWOT 分析模型

SWOT 分析模型是 20 世纪 80 年代初由美国旧金山大学的管理学教授韦里克提出的，通常被用于企业战略制定和竞争对手分析等。这一模型包含 4 个内容，即内部的优势（strengths）、劣势（weaknesses）和外部的机会（opportunities）、威胁（threats）。

在运用这一模型进行社会救助需求评估时，并不一定完全按照模型的内容进行分析，主要是借助其思路全方位地了解评估对象，找到能帮助评估对象解决困难的有利因素和制约服务开展的不利方面，从而制订出更合适的社会救助方案。

① 苏珊，周丁扬，李晓，等．基于 PRA 方法的农户对干旱区草原生态保护政策的认知分析[J]．干旱区地理，2018，41(1)：152-159.

本章小结

本章简要介绍了社会救助需求的基本类型与特点，以及我们可以使用一些实用的评估方法、评估工具来提升对救助对象需求的理解。在评估完救助对象需求后，我们就可以开展社会救助了。当然，要想将社会救助顺利地进行下去，也绝非易事。因此，我们必须了解社会救助的基本内容和资源链接方面的知识。接下来，我们进入第 4 章——如何开展社会救助。

第4章

如何开展社会救助

社工站参与社会救助工作时，除保障救助对象维持生存所需的物质与经济方面的援助外，更要从促进救助对象发展的角度，在链接社会资源、提供社会心理支持、进行能力建设、促进社会参与、减少社会排斥等方面着力，以达到救助对象的自立自强、助人自助、社会互助和社区包容等可持续发展的效果。① 本章的重点是告诉社会工作者：如何开展社会救助。第一节主要介绍社会救助工作中社会工作者参与的两种类型的服务：一是社会救助基本服务，重点在于协助民政开展社会救助；二是服务性的救助工作，强调为救助对象提供专业社会工作服务。第二节主要介绍社会救助工作中社会工作者扮演的事务性和服务性救助角色，以及不同角色的功能与作用。第三节主要介绍在政府资源不足的情况下，社会工作者如何为救助对象寻找资源，以及如何进行资源整合与维系。

第一节 社会救助的服务内容

传统的社会救助一般是对救助对象自上而下的救急、救难活动，为救助对象提供基本生活和经济的援助②，主要由政府承担，较少有社会力量参与，忽视了社会工作服务参与社会救助服务的价值和功能。2014 年我国颁布的《社会救助暂行办法》所规定的社会救助涉及最低生活保障、困难人员供养、受灾人员救助、医疗救助、教育救助、住房救助、就业救助、

---

① 张和清，廖其能．发展型社会救助的中国社会工作实践探索：以广东“双百”为例[J]．西北师大学报（社会科学版），2021，58（6）：78-88.

② 原会建．专业社会工作介入社会救助的路径与策略[J]．人民论坛，2014（35）：149-151.

临时救助等。2015 年民政部、财政部发布的《关于加快推进社会救助领域社会工作发展的意见》也明确提出社会工作在社会救助领域的服务内容和支持保障。与我国以往的社会救助政策相比，《社会救助暂行办法》和《关于加快推进社会救助领域社会工作发展的意见》的最大亮点是把社会工作服务机构和社会工作者引入社会救助领域。[1] 2020 年中共中央办公厅、国务院办公厅印发的《关于改革完善社会救助制度的意见》提出要创新社会救助方式，积极发展服务类社会救助，形成“物质+服务”的救助方式，加强专业社会工作服务，帮助救助对象构建家庭和社会支持网络。本节主要阐述社会救助工作可以参与哪些服务。

一、社会救助基本服务

社会救助基本服务是指为最低生活保障、困难人员供养、受灾人员救助、医疗救助、教育救助、住房救助、就业救助和临时救助等主要社会救助类型的救助对象提供服务。社会工作者在社会救助基本服务中扮演着协助者的角色，主要协助民政专干开展政策咨询、救助申请、资料录入与档案管理等工作。社会工作者没有审批权，重点在于协助民政开展社会救助工作。

（一）提供救助政策咨询

社会救助中各项具体的救助类型都有相对应的政策文件，在开展社会救助服务时，社会工作者最重要的工作之一就是为救助对象或潜在的救助对象提供政策宣传和咨询服务，解答他们关于社会救助政策及程序的疑惑和问题。救助政策咨询一般有两个场景：一是在办事窗口就社会救助相关政策向救助对象进行解读；二是在入户走访过程中对救助对象或潜在的救助对象进行救助政策讲解和宣传。

① 马凤芝．社会工作参与社会救助的模式建构[J]．国家行政学院学报，2017(4)：104-109+148.

案例分享

案例 4-1： D镇社工站的社工在走访时发现，D镇农村许多人对残疾的认知存在一定偏差，没有政策意识。他们认为，只有先天残疾的才算残疾人，因车祸、工伤等意外伤害导致后天残疾的不属于残疾人，不能享受残疾人相关福利和救助。所以，在入户走访时，向这些民众宣传并讲解残疾人补贴等相关救助政策、解答民众对社会救助政策的疑问，则是社工的一项重要工作。

案例来源：湖南省宁乡市D镇社工站

（二）协助申请救助

对于提出救助申请的服务对象，社会工作者在其申请救助的过程中主要有以下几项工作：一是信息比对。在申请人提交申请资料后，社会工作者需要在系统中根据提交的资料进行信息比对，了解申请人家庭所拥有的资产是否符合救助要求。二是协助申请人准备资料。不同的社会救助类型需要提交的资料有所区别，社会工作者可对照资料提交清单协助申请人准备相关资料与证明材料。三是入户核查申请人的基本情况。特别是在低保救助中，社会工作者需要与民政专干等工作人员一同前往申请人家中，向村委会、邻居等了解申请人的家庭情况，进行信息核查工作。

案例分享

案例 4-2： S镇社工站的社工在参与临时救助时，先由村干部或申请人本人将资料递交到镇上的社会事务办，由社工在系统里对申请人的房产、车辆等家庭资产进行比对。若符合救助条件，则协助申请人准备疾病诊断证明、发票、户口复印件、身份证复印件和存折等所需要的相关证明材料。

案例来源：湖南省宁乡市S镇社工站

（三）信息录入与档案管理

在开展社会救助工作时，社会工作者需要协助民政专干收集并检查申请资料，将辖区内社区（村）社会救助对象的档案资料信息进行核对，并录入电脑系统。同时，要注意保存好申请资料和相关证明材料，协助民政部门做好社会救助档案管理。

案例分享

案例 4-3：S 镇社工站的社工参与临时救助时，需要对申请人的申请资料和证明材料进行初步审核，确认资料齐全后交给镇社会事务办主任签字，由民政部门进行审批。救助金额较大的需经镇领导集体研究后提出审核意见。救助申请审批通过后，由社工将申请人的资料信息录入临时救助系统，并将申请材料、身份证复印件、家庭户口本复印件、走访调查材料、公示材料、审核审批材料等资料建立纸质档案，对临时救助对象进行一人一档管理。

案例来源：湖南省宁乡市 S 镇社工站

（四）社会救助实施

社会救助基本服务中的救助实施过程主要是指在审批通过后，由政府向救助对象发放救助金或实物援助，解决其生活难题，摆脱生活困境。一般情况下，在救助申请过程中，需要申请人提供本人的银行账户。在救助审批通过后，救助金直接发放到救助对象的个人银行账户。实物援助则由民政专干、社区（村）干部和社会工作者等相关工作人员到救助对象家中入户探访进行实物发放，或由救助对象到指定地点领取救助物资。

案例分享

案例 4-4：P 镇于 2020 年购买了社会工作参与全镇社会救助的项目，由社会工作机构驻点在乡镇，为全镇的低保户、临时救助人员、残疾人等社会救助对象提供服务。在项目实施期间，社工会到救助对象家中进行入户探访，并为其发放大米等生活物资。此外，每逢节庆，政府也会通知救助对象去社区领取生活物资。

案例来源：湖南省宁乡市 P 镇社工站

（五）协助社会救助清查

社会救助清查是社会救助中的一项重要工作，即按照政策规定对当前在册的救助对象进行清查，对符合政策条件的救助对象继续予以社会救助服务，对不再符合政策和保障条件的对象则取消救助资格。社会工作者是协助民政专干进行社会救助清查的重要成员，主要通过电话访问和入户走访等方式开展清查工作，切实做到“应保尽保、应退尽退”，确保社会救助政策公开、公平、公正地实施。

案例分享

案例 4-5：Y 县乡镇社工站社工负责协助民政专干审计四类人员低保工作。2021 年 9 月起，全县开展低保专项清查工作，通过信息比对、入户核查、向乡镇干部及邻居了解并核查救助对象家庭情况等方式进行全面清查，累计取消不符合条件的低保对象 7500 人，切实做到“应保尽保、应退尽退”。

案例来源：湖南省 Y 县社工总站

二、社会救助中的专业社会工作服务

社会救助领域是社会工作服务的重要领域。社会工作参与社会救助融合了社会救助、个案工作和家庭工作等方面的性质和特点，既重视社会救助政策资源在保障困难人群及其家庭兜底等民生服务方面的作用，也重视发挥社会工作在社会心理支持、能力提升和增进社会包容等方面的专业优势，促进救助对象的自力更生和社会融入。① 民政部、财政部于 2015 年发

① 徐道稳．论社会救助与社会工作的融合[J]．华东理工大学学报(社会科学版)，2008，92(3)：21-26.

布《关于加快推进社会救助领域社会工作发展的意见》，根据社会救助领域特点和社会救助对象需求，明确了社会救助领域社会工作服务内容。此后，江苏、山西、安徽等多省民政厅与财政厅于 2016—2022 年先后发布《关于加快推进社会救助领域社会工作发展的实施意见》，再次指出社会工作可在社会救助领域有针对性地开展社会融入服务、能力提升服务、心理疏导服务、资源链接服务和宣传倡导服务等社会工作服务。社工站参与社会救助中的专业服务可基于以上相关政策文件中所明确的内容开展，具体融入个案、小组和社区等多种服务形式中。

（一）社会融入服务

与生活有保障的普通群众相比，社会救助对象大多处于社会底层，疾病和经济等方面的影响导致他们生活困难，需要政府和社会的救助。但“接受救助”可能会产生两个方面的负面影响：一是导致救助对象产生“等靠要”的福利依赖思想；二是“被救助”可能导致救助对象出现低自尊，以及外界对救助对象产生社会歧视。这两个方面的影响都不利于救助对象正常的社会参与和社会融入。社会工作者在开展社会救助服务时要保持敏感性，及时发现或预防出现以上两种情况，并通过个案、小组和社区三大工作方法的综合运用，帮助救助对象调节家庭和社会关系，通过宣传和倡导消除社会歧视，重构救助对象的社会支持网络，更好地适应社区和社会环境。

案例分享

案例 4-6：阿明父亲去世，母亲改嫁，其与年迈的爷爷一起生活，为低保家庭。阿明由于家庭原因，性格较为内向，不爱说话，经常自己一个人躲在家中，与同伴交往不多。社工在跟随民政干部下乡入户时了解到阿明的情况后，定期到其家里进行探访，邀请阿明参加社区举办的活动，加强同辈交往。同时，对接服务“失母儿童”的专业社会工作机构，邀请阿明在暑期参加夏令营，开展户外实践。最终经过 3 年的服务，阿明变得逐渐活泼开朗，通过户外实践活动增长了见识，愿意与其他人交流，对社会的认同感逐渐提高。阿明还竞选了班级里的班长，学习成绩也由曾经的中等水平提升到能稳定在班级前两名。

案例来源：湖南省宁乡市S镇社工站

（二）能力提升服务

社会工作最基本的原则是“助人自助”。社会工作者参与社会救助服务的最重要工作之一就是帮助救助对象发掘自身潜能、提升能力，最终实现救助对象通过发挥和运用自身能力来化解难题、走出困境。社工站对救助对象的能力提升服务可通过以下具体形式实施：一是开展技能培训项目，帮助救助对象学习并掌握谋生的技能；二是协助救助对象认清就业形势和自身的优势与不足，进行职业规划辅导；三是链接工作资源，为救助对象提供就业机会。同时，社会工作者要以救助对象的整个家庭为单位，帮助救助对象及其家庭转变思想观念，提升自身应对困难、解决困难、实现发展的能力，消除救助对象的依赖心理。

案例分享

案例 4-7：小美今年 24 岁，是两个孩子的母亲。小美的丈夫以前外出务工，月收入 2000 元左右，是整个家庭的经济支柱。受疫情影响，丈夫去年已回家，现处于待业状态。家中无积蓄，还有两个老人需要赡养，家庭开销大，经济困难。社工在入户走访的过程中了解到小美家的情况，为小美介绍了手工制作的工作，可以将手工材料带回家中，完成后可以获得几十块钱的工资。但做手工的微薄收入并不能解决小美家的困境，于是通过与小美沟通，社工协助小美在网上批发陶瓷画，在小美空闲的时候去街上摆摊，生意较好的时候出摊一次能赚 300 元。小美高兴地告诉社工，自己也有能力帮家里改善状况了。

案例来源：湖南省邵阳市B县社工站

（三）心理疏导服务

在参与社会救助工作时，社会工作者需要重点对抱有消极态度和情绪的特殊救助对象予以关注，抚慰救助对象所持有的消极和敌视情绪，缓解其心理压力，矫正不良行为习惯，促成救助对象建立乐观、积极、上进的心态。针对心理状态不佳或行为习惯不良的救助对象，社会工作者需要评估救助对象的心理健康状况，若有必要，应及时进行心理疏导服务。[①] 在心理疏导服务中，社会工作者可重点关注以下几个方面的工作：一是与救助对象建立信任关系，在形成互信关系的基础上引导救助对象增强积极生活的动力；二是营造良好的服务环境，在轻松、整洁的环境中开展心理疏导工作，使救助对象放松紧张状态；三是积极倾听与回应，引导救助对象表达内心的想法，同理他们的感受，有效回应他们的问题和困惑；四是面对情绪和心理问题相对较严重的救助对象，可以联系专业心理咨询师或医院心理医生，为其提供更为专业的心理疏导服务。

案例分享

案例 4-8：彭爷爷今年 80 岁，是一名独居留守老人，女儿远嫁较少回家。彭爷爷由于中风失能，长期处于紧张、焦虑、担忧和恐慌情绪中，只靠自己微薄的养老金生活，社工于 2020 年为其申请了临时救助。此外，社工的工作重点在于为彭爷爷提供心理疏导和情感支持，通过定期入户探访，引导彭爷爷对自身不合理的信念和错误的思维方式进行反思，并邀请党员志愿者和社区网格员一起去探望彭爷爷。社工在服务过程中同理彭爷爷当下的心理状态，同时在面谈中通过积极回应、非评判态度等营造了安全轻松的面谈氛围，并通过情绪日记协助彭爷爷记录情绪的变化，肯定他出现积极情绪的行为，逐渐让彭爷爷感受到温暖，对生活有了盼头和信心。

案例来源：湖南省 Y 县社工总站

（四）资源链接服务

政府在社会救助过程中发挥着指挥员的作用，但由于救助涉及面较

① 丁一帆，张翼．社会工作视角下社会救助的路径研究［J］．社会科学家，2019（11）：50-55.

大、范围较广，容易产生覆盖不均衡的问题。因此，在社会救助过程中，基层社工站需广泛动员正式社会资源与非正式社会资源，挖掘来自市场、社区、家庭等各方面的资源优势，组织各种专业力量和志愿服务力量参与，为救助对象提供生活、求学、就业、医疗、社交等不同类型的服务，最大限度地弥补政府资源的不足。

案例分享

案例 4-9：老李的儿子因车祸去世，留有一个孩子小力，后来儿媳改嫁。小力今年 10 岁，上小学四年级，由老李抚养。爷孙俩生活拮据，甚至难以负担小力的生活费和教育费用。社工于 2020 年在入户走访的过程中了解到老李家的情况，便链接爱心企业的贫困助学基金，给小力申请了 1200 元/年的助学金。

案例来源：湖南省宁乡市 S 镇社工站

（五）宣传倡导服务

社会救助制度是国家和社会通过立法，对不能维持最低生活水平的公民提供满足其最低生活需求的资金和实物救助的社会保障制度，是存在难以维持最低生活水平现实情况或潜在风险的公民应当享有的一项社会保障。为保证有实际需求和现实困难的群众能及时享有此项保障，开展社会救助宣传倡导服务十分有必要。社会工作者可以通过走访等方式，了解现有的及潜在的社会救助对象。一方面，将相关社会救助政策知识向救助对象展开宣传与介绍，帮助救助对象更加详细、全面地了解政府的社会救助政策、救助制度和救助手段；另一方面，对社会救助政策的实际执行情况展开调研，及时、有效地向街道及其他政府部门反馈社会救助政策执行的成效与不足，综合行业专家、服务提供者和救助对象等多方的声音和意见，为社会救助工作建言献策，建立健全上情下达、下情上达的信息沟通网络，促进社会救助政策有效推行与实施，进一步完善社会救助政策。

第二节　驻站社会工作者有哪些社会救助角色

社工站社会工作者在困难群体帮扶和救助、促进社会和谐发展等方面发挥着不可替代的作用。本节主要介绍社工站社会工作者在社会救助服务中的角色，包括事务性救助角色和服务性救助角色。事务性救助角色，是指社会工作者在协助民政开展社会救助基本服务中发挥着政策咨询、救助申请协助、档案资料管理协助以及程序监督等功能的角色，侧重于协助民政开展社会救助基本工作。服务性救助角色，是指社会工作者在社会救助服务中积极运用社会工作专业方法与技巧，为救助对象提供社会工作服务时扮演的角色。

一、事务性救助角色

（一）救助政策咨询者

救助政策咨询者角色的主要任务是为救助对象提供社会救助政策，以及社会工作参与社会救助服务的相关信息和资料。社会工作者要对社会救助相关政策与制度、社会救助服务内容以及社会工作在其中的功能等充分了解，在社会事务办事窗口或入户走访的过程中为救助对象提供政策咨询与解答。

（二）救助申请协助者

救助申请协助者角色的主要任务是为困难群众在申请救助的过程中提供帮助和咨询。先由申请人向村委会或直接到社会事务办提出申请并填写申请表，然后由社会工作者告知申请人需要提交哪些材料，并协助申请人准备。在低保等社会救助申请中，社会工作者还要随同村干部、民政专干等工作人员一同入户核查，了解申请人家庭的真实情况。

（三）救助资料协管者

救助资料协管者角色的主要任务是协助民政将救助对象的资料进行录入、建档和管理。首先是将救助对象的资料收集齐全并核实检查，然后是将相关的信息录入社会救助信息管理系统中。同时根据“一户一档”原则，将每位救助对象的资料进行归档和纸质资料管理。

（四）救助程序监督者

在社会救助工作中，作为协助民政的重要力量，社会工作者也扮演着救助程序监督者角色。比如在进行入户核查时，社会工作者与民政专干、村干部等一同入户，作为第三方监督民政救助工作，所有参与入户核查的工作人员都要签字，以保证救助程序的精准性和公正性，避免救助资源的浪费或被挤占。

二、服务性救助角色

（一）救助对象增能者

社会工作的主要目标就是“增能”，最终实现“助人自助”。在社会救助工作中，社会工作者的增能者角色主要体现在赋能培力方面，即致力于帮助救助对象理解自己的生活环境、作出恰当的选择、承受选择困难带来的结果，并通过呼吁和有组织的活动改善救助对象的生活环境和不良境况，逐渐增强救助对象面对生活中的困难和挑战的能力。[①] 社会工作者将支持救助对象的自我发展，并利用相关技术来回应救助对象的需求，以能力支持服务模式取代传统的直接救助的福利模式，扩展社区合作、技能教育和潜力激发的空间[②]，为救助对象提供个性化、多样化、创造性的权能增强和潜力开发服务。

（二）帮扶资源链接者

社会救助工作需要有相关政策、资源及组织单位的支持才能更好地推进。社会工作者的资源链接者角色就是指为了有效帮助救助对象，社会工作者常常需要联系政府部门、企事业单位、社会福利机构和其他社会人士，向他们争取救助对象所需要的政策、物资及专业服务等资源，并将这

---

① 库少雄．论社会工作者的角色[J]．社会工作，2004(6)：11-12.

② 王世强．强化赋权式介入：社会工作参与社会救助的实践进路[J]．学习与实践，2022(2)：101-111.

些资源链接到救助对象的手中，以帮助其更好地解决问题和摆脱困境。比如民政局的“福康工程”，可以为残疾人提供康复及辅助器具。

（三）救助对象教育者

教育者角色主要是指提供机会，让救助对象学习特定的社会技能；提供信息，让救助对象更有效地扮演和发挥角色功能，并预防问题与困难生活情境的发生。在社会救助工作中，社会工作者的教育者角色的主要任务是向救助对象提供社会救助或其他信息，在生活中的一些问题或困难方面给予意见或建议，帮助他们获得新的行为模式，教授他们解决问题的方法和技术。

（四）社会救助政策倡导者

在社会救助工作中，社会工作者的倡导者角色主要是指社会工作者应该成为救助对象参与某种行为的倡导者，也就是当救助对象及其家庭必须采取新的行动才能有助于他们走出困境或解决问题时，社会工作者要积极倡导他们采取合理的行为，协助他们顺利地解决问题、摆脱困境。同时，社会工作者也需要采取行动为救助对象积极争取最大利益。当出现某些具有普遍性的问题时，社会工作者应当向有关政府部门提出建议，制定、修订和完善政策，以避免社会救助问题的再次发生或减少社会救助问题。

第三节　如何为救助对象寻找资源

熟悉街道、社区的周边环境是社会工作者必须要重视的工作。社会工作者可以通过绘制资源地图了解社区周边的组织、企业、商铺等资源，比如所在社区有多少家理发店、多少家超市、多少家药店诊所、多少家饭店等。此外，社工站之间应保持联络，对相邻街道、社区的资源也要有所关注，并将社会资源进行分类整合，维持资源的可持续性，合力为救助对象提供“物质+服务”的救助服务。本节主要介绍社会工作者可以为救助对象链接哪些正式社会资源和非正式社会资源，以及如何进行资源的整合与维系，保证资源的可持续性。

一、链接正式社会资源

（一）申请政府救助项目

国家社会救助包括最低生活保障、困难人员供养、受灾人员救助、医疗救助、教育救助、住房救助、就业救助和临时救助等方面的内容，每种类型的救助政策都有相关规定和程序。社会救助的一项重要任务是为有需求且符合社会救助条件的困难群体提供经济与物质援助。社工站社会工作者在协助困难群体申请社会救助项目之前需要了解和熟悉各个类型的救助政策的基本规定、申请范围和条件、申请程序等，以为救助对象申请合适的社会救助项目。同时，社会工作者也可以通过询问或实地走访了解相应救助申请的办理程序和地点，与相关工作人员建立工作联系，从而帮助有困难有需求的救助对象申请合适的社会救助项目。

（二）链接慈善组织救助资源

慈善基金会等专业慈善社会组织的资源链接可从以下两个方面展开：一是关注慈善组织的官方网站和公众号信息。在这些公开网络平台中，一般都会发布其慈善服务领域、慈善项目及联系方式。社会工作者需要了解慈善组织的服务范围，并结合自己所服务的救助对象，通过慈善组织公开的联系方式与其取得联系，向其简要介绍救助对象的需求，以及社会工作者在获得这些资源之后会为救助对象提供哪些服务、获得哪些改变等。二是通过与其他社工站等社会工作机构或单位、组织之间的联系和沟通，获取慈善资源信息，了解慈善救助申请的相关要求和程序。

（三）链接企业爱心资源

在街道、社区开展活动或走访时，社会工作者可以通过与周边企业合作，扩大资源链接平台，将社会资源引入社会救助服务中。首先，社会工作者可以站在爱心企业的角度思考能够为他们带来什么，比如品牌形象、社会荣誉等。其次，社会工作者可以借助社会救助服务项目官方背景，向企业介绍自己的身份和项目，在此基础上建立信任关系，促成企业与社工站所属街道、社区或社会工作者所属社会工作机构签订合作协议，通过宣传海报、横幅挂名、直接邀请代表参与社会救助服务活动等方式增强企业单位的参与感和体验感。一方面，为作为投资商和赞助商的爱心企业提供参与公益活动的机会，为企业品牌效益起到宣传和引流的作用①；另一方面，通过链接爱心企业资源赞助合作，为救助对象谋福利，从而达到互惠互利的效果。

案例分享

案例 4-10：M 镇共有 100 多家门厂，社工会邀请镇社会事务办主任和民政专干等一起去门厂链接资源，直接告诉门厂老板想为救助对象募捐一些资金或物资进行公益活动。主要通过宣传企业形象的方式链接资源，比如在活动横幅上体现爱心企业的名字等。

案例来源：湖南省宁乡市 M 镇社工站

（四）发动社工站等社会工作机构力量

社工站的驻点社会工作者一般是由专业社会工作机构派驻，在驻点街道、社区开展社会救助服务的过程中，所属的社会工作机构也是一个重要资源。社会工作机构的人、财、物等资源可以协助驻点社会工作者开展社会救助服务。社会工作机构的人力资源包括督导、其他社会工作者、志愿者等，财力资源包括项目活动所需资金等，物力资源包括场地和物资等。除此之外，社会工作机构的其他外部资源，如长期合作的基金会、爱心企业，以及关系良好的单位、组织等资源，都可以成为社工站社会工作者更好地开展社会救助服务所能利用的资源。经过需求评估和服务开展，与社会工作机构保持沟通和联系，可以有针对性地为有需要的救助对象提供多元化服务。

二、链接非正式社会资源

（一）动员志愿服务资源

社工站在社会救助领域中的服务涉及物质和经济援助、社会融入服

① 罗学莉，朱媛媛．社区资源整合策略案例分析：以 F 社区为例[J]．人民论坛，2015(36)：149-151.

务、能力提升服务及心理疏导服务等。首先，驻站社会工作者可以以街道、社区公共服务中心为依托，组建本社区志愿者服务队伍，发掘整合社区自有力量，组织积极参与、有责任担当的党员志愿者和居民骨干，进行党员、居民骨干培训，将其发展为志愿者服务队伍领袖，带动身边同样有爱心、有担当的同伴加入志愿服务队伍，从而不断扩充本社区自己的志愿服务队伍，共同为救助对象服务。其次，链接周边学校志愿者团队，尤其是大学生队伍，利用闲暇时间提供心理疏导和陪伴服务等。例如，组织志愿者探望救助对象中的一些失独老人、残障人士、困境儿童等，做他们的聆听者、陪伴者，舒缓其内心的压力与孤独感，提供陪伴服务。

（二）重视救助对象“身边人”

社会工作者可通过留意居民群，了解社区居民的职业、优势等，有需要时向他们寻求帮助，增强救助对象的邻里支持。社会工作者也可将与救助对象联系较密切的邻居、亲友召集起来，定期前往救助对象家中进行探访，从邻里、同辈的角度，通过聊天、谈心的方式排解救助对象的生活困扰，进行心理疏导，为救助对象建立非正式支持网络，促进救助对象的社区融入。社会工作者还可以根据具体情况，在适当时机邀请救助对象参与社工站或社区的活动，如小组活动、社区节庆活动等，鼓励救助对象多与街坊邻居交流和互动，从而进一步扩大其社会支持网络。

案例分享

案例 4-11：服务对象小阳，是一个患有脑瘫的 10 岁小男孩，无法正常坐立和行走，无法独立进食，主要由爸爸和姑姑照顾。

长沙市 Y 街道社工站黄社工在走访时得知小阳和小阳家的情况。通过多次走访了解到小阳存在一些明确的需求：第一个需求是小阳的基本生活照顾需求。因小阳的疾病情况，必须有成人的长期照顾，经常需要抱着小阳去不同的地方。但随着小阳年龄的增长，体重和身高也逐渐增长，给照顾者带来更多挑战。因此，小阳爸爸提到想给小阳买一辆轮椅，以方便协助小阳移动行走。第二个需求是小阳求医治疗的需求。小阳的脑瘫对其生活和社交都有很大的影响，所以带着小阳看病治疗是小阳爸爸多年的心愿。第三个需求是小阳的社交需求。社工多次探访发现，小阳是一个很喜欢热闹的孩子，但因病情无法正常表达心情和行走，小阳的交际网主要由爸爸、姑姑等家人组成，其他类型的人际关系较少。

基于小阳的以上需求，黄社工通过对Y街道的了解和实地考察，绘制了一张资源地图，并将能帮助小阳的资源标注出来，以资源链接方式为主开展了以下工作：一是筹集爱心资金，助力定制轮椅。黄社工通过在网上向轮椅制造商咨询得知，小阳需要定制一辆轮椅，但定制费用需要1万多元，小阳家里承担不起这笔较为昂贵的费用。故黄社工在B小学一个班级通过PPT故事分享的形式，让小朋友了解到小阳的故事和需求情况，并动员小朋友以自愿的方式拿出自己闲余的玩具组织义卖活动，最终义卖获得近2000元作为轮椅善款，定制轮椅所需的其余费用则由小阳家的爱心邻居自发捐款筹集。最终，顺利地为小阳定制了一辆适合他的轮椅。二是链接医疗资源，协助看病求医。黄社工了解到小阳看病求医的需求后，与湖南省儿童医院医务社工部取得联系，基于“湖南省基层社工站儿童健康服务和慈善医疗救助直通车”项目，走绿色看诊救助通道，由省儿童医院医务社工和志愿者为其提供导诊和陪同看诊服务，帮助小阳在湖南省儿童医院康复中心接受诊断治疗，协助小阳和小阳爸爸实现多年的求医愿望。三是召集爱心人士，丰富社会交往。黄社工在多次对小阳的走访中了解到，小阳非常喜欢热闹，也很喜欢有人来家里陪伴他。黄社工就定期带社区其他小朋友去小阳家里看望和陪伴他，政府有关部门和社区也会在逢年过节时去小阳家慰问探望。特别是在小阳生日当天，黄社工还链接了“熊猫不走蛋糕”商家资源，带领“熊猫玩偶”志愿者为小阳送上生日蛋糕和祝福。小阳和小阳爸爸十分开心，对黄社工说：“这是我们过得最开心、最有意义的一个生日了!”此外，考虑到小阳和小阳爸爸的一些基本生活需求，黄社工还链接了小阳家附近的爱心理发店资源，每月定期为小阳和小阳爸爸上门理发。

案例来源：湖南省长沙市Y街道社工站

通过以上“脑瘫儿童”的救助案例我们发现，在开展社会救助服务中，社工站社工链接资源可从以下方面入手：一是多走访，绘制社区资源地图；二是积极动员亲友、邻居、志愿者等非正式社会资源；三是了解和关注其他相关领域的现有社会救助项目和慈善资源；四是与周边爱心企业建立合作关系。

三、做好资源整合与维系

资源是指一切可被人类开发和利用的客观存在。资源整合是社会工作服务的不竭源泉和基本保障。如果放弃资源整合开展服务，无异于竭泽而渔，就不能保障服务持续开展。一方面，社会工作者本身势单力薄，不能凭借一己之力保证服务的持续性；另一方面，服务对象作为社会人，不能脱离客观环境而独立存在。社会工作者作为资源链接者，只有动员和整合社区中蕴藏的各类资源，才能为有需求的救助对象提供更有效的可持续性服务。

（一）主动对接资源系统

社会工作者要主动上门走访、寻找资源。一是走访社区附近的商铺，用最真诚的态度与商铺进行深入的交谈，建立资源共享群。二是关注一些企业、组织等的公众号，寻找合作机会，使知名度更高的企业、组织成为我们救助的窗口，呼吁更多的人提供资源帮助。三是主动出击，拨打咨询电话。要注意打电话的技巧，表明自己的身份，清楚告知对方你的需求。比如针对一些医疗卫生物品发放或者讲座，应该选择有权威的医院拨打电话，寻求公益救助。四是关注社区党群。党群的活动如果有需要合作的，都会在此群公布。党群将会根据资源方提供的资源来确认最合适的活动合作方。

（二）绘制社区资源地图

绘制社区资源地图能够帮助社会工作者清晰地了解社区能为救助对象提供支持的资源。绘制资源地图主要有以下几个步骤：第一步，走访社区，了解社区五大资源，即“人”“文”“地”“产”“景”。在这一阶段，社会工作者要多用“脚”走进社区，通过实地走访和拍照记录等方式多熟悉社区五大资源的分布与构成。第二步，社区资源分析，整理、分析调查而来的资料，将资源分类归档。第三步，构建指标体系，按照资源类型进行归类，建立图示体系。第四步，绘图，按照一定的比例尺，采用手绘或电子绘图等方式进行绘制（见图4-1）。

图4-1　社区资源地图

资料来源：张晓鸣．社区“规范化”不等于“千篇一律”！普陀区结合“一网统管”，加快居委会规范化建设［EB/OL］．［2022-12-08］．http：//www.whb.cn/zhuzhan/cs/20200604/352653.html.

（三）匹配和传送救助资源

目前，社会工作机构的生存和发展主要依靠第三方购买服务。当社会工作者接受资助时，其角色也就发生了改变，与其说是“资源链接者”，不如说是“资源再分配者”。此外，对给予临时救助金、实物救助后仍有困难的救助对象，街道、乡镇人民政府要提供转介服务。对符合低保、医疗、教育、住房、就业等专项救助条件的，要协助其申请；对需要公益慈善组织、社会工作机构等通过慈善项目、社会募捐、专业服务、志愿服务等形式给予帮扶的，要及时转介；各区可设立精准救助基金对政府临时救助后仍有困难的家庭给予救助。

（四）反馈救助进度和成效

积极反馈社会救助服务的进度和成效是社会工作者与资源提供方保持良好的合作关系的重要基础。资源是否用到实处是资源提供方普遍关注的问题，所以在为救助对象链接了社会资源的社会救助服务中，社会工作者要主动向资源提供方反馈服务开展的情况和救助对象受益的效果，让资源提供方知晓资源的用途和意义。并在此基础上与资源提供方进一步交流和合作，建立稳定的、可持续的信任关系。

本章小结

本章主要从社会救助的服务内容、社会工作者的救助角色以及如何为救助对象寻找资源 3 个方面介绍了如何开展社会救助，让我们对社工站社会工作者可以在社会救助服务中做什么、发挥什么功能与作用有了一定的了解。在社会救助工作中，社会工作者协助民政开展工作是非常重要的部分；而在社会工作专业服务中，社会工作者可以运用哪些具体专业方法和技巧为救助对象提供服务呢？我们将在第 5 章、第 6 章和第 7 章分别介绍社会救助服务中常用的个案、小组和社区工作方法。

第5章

常用社会救助个案工作方法

个案工作是社会工作三大方法之一。社会救助个案工作的实施步骤与社会工作通用过程模式相同，需要经过接案、预估、计划、介入、评估、结案六大步骤。在社会救助个案工作中，服务对象会有不同的需要，所以需要我们采用不同的模式来开展个案工作，并掌握个案工作的常用技巧，做好个案工作记录。

第一节　个案工作的基本原理

一、个案工作的定义

个案工作是以有需要的个人或家庭为服务对象，运用个别化的工作方式，增强其解决困难和适应社会的能力，促进其与环境和谐发展的一种专业社会工作方法。[①]

二、个案工作的基本流程

个案工作是由一连串的专业服务组成的，包括一个循序渐进的工作流程。个案工作的基本流程，是指社会工作者为服务对象提供专业服务的一般步骤和先后次序（见图 5-1）。

（一）接案

接案是社会工作者与服务对象通过沟通建立信任、达成共识（协议）

---

① 全国社会工作标准化技术委员会．社会工作方法 个案工作：MZ/T 094—2017［S/OL］．［2022-10-01］．http://www.gov.cn/xinwen/2018-01/16/content_5257155.htm.

图 5-1　个案工作的基本流程

的过程。其中主要体现社会工作者两个方面的重要能力：沟通（面谈）能力和信息收集能力。

（二）预估

预估是依据既定情景中的事实和特点推论出有关服务对象问题含义的暂时性结论的逻辑过程。预估的目的是制订出正确的计划。预估的任务包括：识别服务对象问题的客观因素、主观因素、成因及延续因素，识别服务对象及环境的积极因素，决定提供服务的方式和内容。

（三）计划

服务计划的构成包括：目的及目标、关注问题与对象、介入方法和介入行动。

（四）介入

介入是社会工作者和服务对象采取行动，按照服务协议落实服务计划目标，帮助服务对象改变，解决预估中确认的问题，从而实现助人计划的重要环节。

（五）评估

评估是运用科学研究方法和技术系统评价社会工作介入结果，总结整个介入过程，考察社会工作介入是否有效、是否达到预期目的与目标的过程。

（六）结案

结案主要包括：总结工作、巩固已有改变、解除专业关系、撰写结案记录等。

第二节　常用个案工作模式

在社会救助个案工作中，服务对象会有不同的需要，所以我们需要采用不同的模式来开展个案工作。本节将介绍社会救助个案工作中较为常用的危机干预模式、心理社会治疗模式、任务中心模式和认知行为治疗模式。

一、危机干预模式

（一）模式概念

危机是指一个人的正常生活受到意外危险事件的破坏而产生的身心混乱的状态。危机通常可以分为两类：一是成长危机，即每个人在成长过程中需要面对不同的任务而产生的危机；二是情境危机，即因生活情境的突变而引发的危机。危机介入模式是针对服务对象的危急状态而开展调适和治疗的工作方法。①

（二）模式特点

危机介入模式具有迅速了解服务对象主要问题、迅速作出危险性判断、有效稳定服务对象情绪、协助服务对象解决当前问题等特点。对于下面的个案救助案例5-1而言，就是要求社会工作者迅速了解服务对象的主要问题及关键问题，从服务对象的基本生活保障、心理调适和环境适应等多方面开展评估和救助。社会工作者既要注意减轻危机事件的负面影响，又要注重利用危机事件帮助服务对象解决目前面临的现实问题，同时提升服务对象适应环境的能力。

（三）案例分析

案例分享

案例5-1：

1. 背景介绍

服务对象小鑫，14岁，正处于青春叛逆期，性格孤僻、自卑，缺乏自信心。因从小缺乏关爱和温暖，导致他对自我的认识不足，自我封闭，沉

① 朱眉华，文军．社会工作实务手册[M]．北京：社会科学文献出版社，2006.

迷手机游戏。在校期间，他不与别人交流，同学也有意疏远他。原生家庭早年破裂，亲生母亲多年杳无音讯。现有家庭无稳定收入来源，属社区建档立卡贫困户。父亲再婚再育小女后，对他关爱失衡。因发生问题后无法得到正确疏导，他经常逃学并赌气离家出走。

2. 分析与预估

(1) 服务对象的问题。①服务对象14岁，因重组家庭缺乏正确教育和温暖关爱；处于青春叛逆期，思维偏激；在校期间，不与别人交流，沉迷手机游戏，同学也有意疏远他；对自我的认识不足，性格孤僻，缺乏自信心，发生问题后无法得到正确疏导，经常逃学并离家出走。②受朋辈群体影响，结识不良青年，出现反社会行为（入室偷窃）并被拘留3次。③父亲缺乏亲职教育方法且家庭亲疏关系失衡，引发家庭矛盾。父亲深感无法自己教育孩子，欲送服务对象到少管所接受改造。④现有家庭属社区建卡贫困户，服务对象接受正式教育出现问题。

(2) 服务对象的需求。①生理方面：家庭贫困，经常吃不饱饭，生活没有依靠；离家出走后，靠偷东西维持基本生活。②心理方面：母爱缺失，亲职教育缺失，缺少家庭关爱，需重塑家庭关系。③对自我的认识不足、性格孤僻、缺乏自信心，有认识自我的需求。④不愿与人交流沟通，自我表达存在阻碍，有与人沟通的需求。

3. 服务计划及实施过程

紧急介入，帮助服务对象脱离有害环境和不良朋辈；提供正向行为支持，克服交流障碍，分析缓解服务对象的非理性情绪；重塑家庭关系，开展亲职教育，搭建社会支持网络；联络教育救助资源，帮助服务对象尽快回归正常学习生活，确保其受教育的权益。

社工紧急联系服务对象所在社区，通过有效沟通，讨论个案介入方案。随后，由服务对象父亲、社工、社区三方共同进行服务对象情况梳理和拟订介入计划后，将服务对象从派出所领回。随即高明镇关爱办儿童主任与服务对象就读学校取得联系，共同讨论转学事宜，并积极联系学校保证服务对象受教育的权利。

案例来源：成都东部新区高明镇社工站、成都聚力社会工作服务中心

二、心理社会治疗模式

（一）模式概念

心理社会治疗模式的理论始终围绕一个核心：心理因素和社会因素之间的关联，包括内部的心理、外部的环境和二者之间的相互影响 3 个方面。心理社会治疗模式将个人与环境之间的这种关系概括为“人在情境中”，要求社会工作者既要深入个人的内心，了解其感受、想法和需求，又要仔细观察周围环境对他（她）施加的影响，分析个人适应环境的具体过程。①

（二）模式特点

1. 注重从人际交往的场景中了解服务对象

该模式认为，在收集服务对象资料的过程中，只有把服务对象放回到具体的人际交往场景中，并把服务对象目前的内心冲突与以往的经历联系起来，才能准确揭示服务对象的困扰产生的真实原因。

2. 运用综合的诊断方式确定服务对象问题的原因

它的诊断阶段是指对服务对象的有关资料进行整理和分析，寻找服务对象的问题产生、变化的原因和过程的阶段。诊断包括 3 个方面：心理动态诊断、缘由诊断和分类诊断。

3. 采用多层面的服务介入方式帮助服务对象

它的治疗阶段是指对服务对象的心理困扰和人际关系失调的各方面因素进行调整和修补，采用多层面的服务介入方式帮助服务对象。它主要有 5 个方面的治疗工作：一是减轻服务对象的不安；二是改善服务对象系统功能的失调状况；三是增强服务对象的适应能力；四是开发服务对象的潜在能力；五是改善服务对象的人际交往关系。

---

① 朱眉华，文军．社会工作实务手册[M]．北京：社会科学文献出版社，2006.

（三）案例分析

案例分享

案例5-2：

1. 背景介绍

服务对象H女士，独居老人，某工厂退休职工，老伴儿去世多年，膝下有一子已成家立业，由于平日工作忙很少来看望她，电话联系也非常少，即使逢年过节也如此。H女士眼睛高度近视，并且患有严重的静脉曲张和“三高”等慢性病，退休工资全部用于平日看病买药。她所住的房子位于老旧小区，房屋建成年代太久，墙体和管道表层剥落和渗水。家中堆放了很多过时的杂物，又不舍得丢弃，严重影响了居住环境。她深感家中环境脏乱不堪，但苦于身体原因没有精力打扫，新冠疫情期间久居于家，对自己的家庭环境产生极端的厌弃与自卑情绪，不愿让人知道自己的情况，对外人产生不信任情绪，拒绝与人接触。

2. 分析与预估

（1）生理层面：疾病缠身，睡眠质量差。服务对象身患严重的静脉曲张和“三高”等慢性病，服药从不间断，并且眼睛高度近视，视物不清。随着年龄的增长、身体机能的下降，腰腿疼痛、行动缓慢等常年困扰着服务对象。再加上疫情期间产生的恐惧与焦虑情绪，导致睡眠质量也不断下降。

（2）心理层面：敏感多疑，精神压抑。服务对象生性敏感多疑，总怀疑有人动她家的东西，因此无论社区谁去探望，她都不让进门，也不与周边人打交道，对任何人都抱着怀疑与猜忌的态度，害怕让人知道自己是一个人在家而受到欺负。疫情期间，由于长期封闭在家，缺少与人沟通交流的机会，因而产生抑郁、恐惧等情绪。加上居住环境的潮湿阴暗，她总是怀疑家中有老鼠，滋生细菌，担心自己会“死”在家中而无人知晓，导致精神压抑、烦躁，晚上睡觉都会戴着口罩。

（3）社会层面：社会支持网络脆弱。服务对象居住的小区由于建成年代久远，墙体防水层和管道老化，出现表层剥落与渗水的情况。服务对象曾多次向社区求助，但始终没有得到很好的解决。从此，服务对象对社区失去信任，甚至抱有敌意，不愿接受社区工作者的上门看望，也不参加社区的各项活动。

(4) 服务对象与邻里交往很少，身边没有自己信得过的朋友，也不愿意主动交朋友，认为朋友是“累赘”，偶尔喜欢一个人在各个公园游玩。在家庭方面很少有亲友前来看望，加上她与儿子住得远，不想给儿子添麻烦，平时即使遇到困难也不会联系儿子，因此服务对象的社会支持网络较为薄弱。

3. 服务计划及实施过程

第一阶段：与服务对象建立良好的专业关系，获得服务对象的信任，从而进一步了解服务对象的真实感受与需求，帮助其分析现在的生活与生理状态。

第二阶段：明确服务对象的问题，与服务对象一起制定服务目标与计划，通过定期走访给予服务对象陪伴，提供情感与心理支持，疏导服务对象的不良情绪，帮助其改善睡眠状况。

第三阶段：链接公益资源，缓解经济压力，带领服务对象参与社区活动，增进服务对象对他人的信任感，协助服务对象积极融入社区，增进服务对象与朋辈群体的情感，以获得更多的社会支持。

第四阶段：招募志愿者，与社会工作者一起上门为服务对象提供“助洁”服务，并寻找房屋修理工程队为服务对象修缮房屋，营造一个整洁干净的居家环境。

第五阶段：巩固变化成果，与服务对象告别，进行结案。

4. 专业反思

社会工作者运用心理社会治疗模式，关注了服务对象的生理、心理、社会三方面的需求。在介入过程中，社会工作者充分运用尊重、倾听、接纳、自我披露等个案工作技巧，鼓励服务对象勇敢表达自己，说出自己的真实想法，并及时给予真诚的回应来强化服务对象的正向改变。对服务对象的非理性认知，社会工作者保持非批判的原则，引导服务对象看到事物的积极面。同时，社会工作者始终相信环境对人的影响，坚持将服务对象放在环境中，为其创造一个友好的环境，促进服务对象与环境的良性互动，促使其向好的方面转变。

社会工作者与服务对象建立信任关系是有效开展服务的关键。在服务中，社会工作者扮演着支持者与服务提供者等直接服务的角色，同时作为资源链接者也是重要的间接服务角色之一。在本案例中，正是信任让服务对象愿意敞开心扉向社会工作者倾诉心声，让服务能够顺利进行。另外，社会工作者还通过积极招募志愿者、链接维修房屋的工程队伍、筹集服务对象所需要的生活物资，来促进服务顺利开展。

案例来源：武汉市江汉区众益社会工作服务中心

三、任务中心模式

（一）模式概念

任务中心模式是把服务介入的焦点集中在为服务对象提供简要有效的服务上，希望帮助服务对象在有限的时间内实现自己所选定的目标。任务中心模式认为，高效的服务介入必须符合 5 个基本要求：一是介入时间有限；二是介入目标清晰；三是介入服务简要；四是介入过程精密；五是服务效果明显。在运用任务中心模式实现目标过程中，要重点关注服务对象的自主性。任务中心模式认为，服务对象的自主性包括两个方面的主要内容：第一，服务对象具有处理自己问题的权利和义务；第二，服务对象具有解决自己问题的潜在能力。①

在服务对象面临的多个需要解决的问题中，社会工作者要帮助服务对象聚焦当下自己最关注和最希望解决的问题，并与服务对象共同确立明确的目标及计划。同时，明确服务对象自身在处理问题时的权利和义务，挖掘服务对象解决问题的能力，协助服务对象一起完成服务目标。

① 朱眉华，文军．社会工作实务手册［M］．北京：社会科学文献出版社，2006.

（二）模式特点

1. 清晰界定问题

成为可以处理的问题必须具备 4 个条件：一是服务对象知道这个问题存在；二是服务对象承认这是一个问题；三是服务对象愿意处理这个问题；四是服务对象有能力处理这个问题，并有可能在服务以外的时间尝试独立处理这个问题。

2. 明确界定服务对象

一是服务对象必须愿意承担自己的任务，并且承诺愿意尝试完成任务、解决问题的求助对象；二是服务对象处于正常的生活状态，具有自主的能力。

3. 合理界定任务

只有把以下 3 个因素融合到任务中，这样的任务才是最好的。它们分别是服务对象的问题，服务对象解决这个问题的能力，服务对象的意愿。

（三）案例分析

案例分享

案例 5-3：

1. 背景介绍

服务对象阿妹，洋青镇人，家里排行第四，嫁到界炮镇，是农村低保对象。育有两女一子，大女儿今年 14 岁，由叔叔照顾，在海南省读书；二女儿今年 6 岁，尚未上学；儿子 1 岁多，疑似患有先天性心脏病，且未上户口。阿妹与丈夫没有工作，靠每月 1200 元低保金维持日常生活支出，且第 4 个孩子即将生产。2020 年 4 月底，服务对象的母亲向社工求助，反映阿妹的儿子没有钱看病，医生说最多活两年。根据服务对象的母亲表述，阿妹说话口齿不清，且智力低于常人，不够灵活，不懂得照料孩子。

2. 分析与预估

通过与服务对象、服务对象的母亲、服务对象其他亲属等深入交流与观察，社工分析出服务对象有以下几个方面的需求。

（1）服务对象需要了解办理残疾证和大病救助的相关政策，从而缓解家庭的经济困难，为儿子的生存注入希望。

（2）充分链接相关资源，搭建服务对象的支持网络，提升服务对象一家的生活技能，合理地安排生活。

（3）提升服务对象自我照顾能力，提升其对家庭生活的规划能力和对儿女的照顾能力。

（4）引导服务对象学习合理使用资金。服务对象一家有家庭低保金，但是缺乏合理的资金使用规划，导致一些不必要的消费。

3. 服务计划及实施过程

（1）评估、聚焦服务对象的家庭需求。社会工作者与服务对象所属的社区、家庭亲属建立联系，进一步关注服务对象一家的家庭困难，聚焦服务对象的家庭问题，进行协商。

（2）联动不同部门，传递救助政策。向服务对象所属的镇（街）反映其家庭情况，联动多方部门，进行兜底帮扶及政策救助。

（3）链接教育资源。社会工作者与服务对象夫妻俩共同探讨第二个小孩就学问题，并向当地教育局和民政部门反映服务对象的家庭情况，寻求相关资源帮扶。

（4）提升服务对象的亲职能力。了解服务对象身边的亲属及邻里资源，链接志愿者入户分享生活照顾和育儿技巧，增强其对儿女的照顾能力。

4. 总结与反思

该案例的救助角度是以提升生活技能为主、以帮扶政策福利为辅，致力于改变服务对象“等靠要”的思想，学会“自力更生”。服务对象智力低下，文化水平低，育儿能力缺乏；在遇到特殊事件时，缺乏处理问题的经验，导致悲剧发生（两个幼儿相继因照顾不周去世）。因此，社会工作者以提升服务对象生活技能为目标，教授科学育儿的方法，宣传紧急事件求助的渠道，分享生活照顾技巧，提升服务对象对家庭的照顾能力。同时，鼓励服务对象夫妇规划日常生活开支，合理使用低保金和工作收入，提升对生活的信心，改变“等靠要”的生活方式，靠自己的能力活下去。

案例来源：湛江市遂城社工站

四、认知行为治疗模式

（一）模式概念

认知行为治疗模式认为，人的情绪来自人对所遭遇的事的信念、评价、解释或哲学观点，而非来自事本身。它是用认知重建、心理应对、问题解决等技术进行心理辅导和治疗，帮助当事人去修正不切实际的信念、假设和自动化思维，从而达到治疗的目的。①

例如，一个人一直认为自己表现得不够好，连自己的父母也不喜欢自己，因此，做什么事都没有信心，很自卑，心情也很不好。治疗的策略在于帮助他重新构建认知结构，重新评价自己，重建对自己的信心，更改自己“不好”的认知。认知行为治疗模式认为，治疗不仅要针对行为情绪这些外在表现，而且要分析病人的思维活动，找出错误的认知加以纠正。

（二）模式特点

认知行为治疗模式是在行为治疗模式基础上结合认知疗法的要素而产生的，结合了人的内部信息加工过程和外部的行为调整过程。

1. 认知和行为因素的结合

认知行为治疗模式非常注重服务对象的行为改变规律，在此基础上结合人的内部信息加工的特点，把人的内部意识的变化过程也作为考察的内容。这样，借助于对人的内部意识过程的了解，它能够更为准确地把握服务对象的行为变化规律，把认知和行为因素有效地结合起来。

2. 采用综合的方式开展个案辅导工作

认知行为治疗模式既看到人的行为改变规律，又看到人的认知加工的特点，使内部和外部有机结合起来，从而用综合的方式开展个案工作。

---

① 文军．社会工作模式[M]．北京：高等教育出版社，2010.

（三）案例分析

案例分享

案例 5-4：

1. 案例背景

服务对象今年63岁，12年前与前妻离婚，离婚一年后服务对象将自住房出售，准备用卖房钱做生意并与前妻复婚，后因一些原因未能复婚。婚内有一女，现年18岁，上高中三年级，离婚时协议归男方养育，但由于现实状况，其女跟前妻生活。除此之外，服务对象还有一个哥哥，也在郑州；一个弟弟，常年在国外，且兄弟关系不佳。其母亲健在，跟着哥哥生活。

服务对象遇到了生活危机，因为自己没有房子，现在处于流浪状态，但从未沿街乞讨，对生活仍然充满信心，而且非常要强，只接受过朋友的帮助。2018年，服务对象开始申请城市最低生活保障，但由于他户口所在地没有实际住房，属于空挂户，低保一直申请不下来。经过前期会谈得知，服务对象在郑州基本没有可以投靠的人，而且服务对象也不太愿意一直接受别人的帮助，因而他在申请低保未果的情况下，找到街道办事处社区服务科科长，希望协调一份公益岗位供其生活。但由于服务对象年龄已大，且无赡养人，所以公益岗位难以提供。

2. 分析与预估

（1）服务对象面临的主要问题。服务对象居无定所、无经济收入、未缴纳社会保险，左腿、左脚活动不便，基本生活无法保障。

（2）服务对象面临的其他问题。①认知方面：服务对象解决问题意向高，但付出努力少。②家庭方面：服务对象与前妻离婚，女儿由于年龄限制无法尽到赡养义务；与兄弟关系不睦，家人不愿提供帮助。③社会救助方面：由于没有住房无法申请各类社会救助。④非正式支持网络方面：自流浪后，服务对象与大多数朋友失去联系，只有两个朋友能提供有限帮助。

3. 服务过程

第一阶段治疗性会谈：原计划在本次会谈中着重改变服务对象认知，使其改变错误认知，不再把改善自身困境的主体责任归于他人；但是由于上次诊断性会谈过程中，通过“探索-描述-宣泄”这一技巧，服务对象回顾了自己的生活经历，已经认识到这个问题，因而本次会谈的主要目的临时更改为提供情感支持，并协助服务对象了解自身优势及周边资源，增强信心。

第二阶段治疗性会谈：本次会谈发生在实地走访之后，也就是链接社会资源受到了一定阻碍之后，目的是增强服务对象信心。会谈时服务对象表示，并没有因为几次失败就失去信心，更何况还有两次成功的例子，自己会进一步作出努力。社会工作者对此表示了鼓励，又告诉他一些联系到的资源，让服务对象到这些地方走访。

第三阶段治疗性会谈：本次会谈的主要目的是引导服务对象从社会关系视角审视自己所面临的问题，并传授一些人际关系，尤其是家庭关系处理技巧，修复服务对象的社会关系。在会谈过程中，服务对象告诉社会工作者，自己明白自己不对，在人际交往过程中索取欲望大于付出欲望，不愿意付出而索取没有节制。社会工作者告诉服务对象，他所表现出来的是“趋避式冲突”，即趋向自由、随心所欲的生活，逃避劳苦、限制较多的工作，是非常常见的心理冲突。社会工作者认为，服务对象不需要过多地回顾自己以前的生活，现在面临的冲突是“回归家庭-负起责任”这一趋避式冲突，服务对象应该重新建立家庭关系，包括与哥哥重建关系、与女儿加强联系、与母亲建立联系，住房问题可以慢慢解决，但是其社会支持网络应该现在就着手建立。随后，社会工作者引导服务对象通过内心模拟重新学习沟通方式，并给服务对象介绍“非暴力沟通”的相关知识。

4. 总结评估

本次个案工作一方面协助服务对象解决了基本生活问题，保障了服务对象的生命及健康；另一方面促进了服务对象成长，引导服务对象重新审视自己，相信他今后的生活会更加积极向上。而且本次个案工作修复了服务对象的家庭关系，初步建立了社会支持网络，使服务对象在社会中不再是单独的一个人，这对于解决服务对象遇到的各类问题都会有所帮助，服务对象应对挑战的能力获得提升。

案例来源：中国社会科学院大学社会学院

第三节　常用个案工作技巧

只有掌握个案工作技巧，才能根据个案工作的具体情况把价值观顺利转化为具体的操作方法和策略，推动服务对象发生有效的改变。本节将介绍社会工作者如何与服务对象建立专业关系、如何做好访谈。

一、如何与服务对象建立专业关系

与服务对象建立专业关系，是社会工作者开展专业服务的基础。有了良好的专业关系，社会工作者在开展服务过程中就能及时发现服务对象面临的困境，挖掘服务对象自身潜力及周边资源，促进社会工作服务进程，最终协助服务对象走出困境。那么，如何与服务对象建立专业关系呢？

第一步：亮身份。社会工作者与服务对象建立良好关系的第一步，就是亮明身份。社会工作者的出现会改变服务对象原有的生活节奏。面对陌生人，服务对象会打开自己的防御机制；或者因不了解社会工作，将社会工作者的身份与其他工作人员混淆。所以，为使社会工作者能与服务对象建立联系，尽快开展工作，首先就要亮明身份。比如，社会工作者来自哪个单位？主要负责什么工作？本次约见服务对象的目的是什么？在亮明身份的阶段，社会工作者只是探索着与服务对象建立联系，而非建立专业关系。在此过程中，社会工作者要注意自己的言谈举止、穿着打扮，尽量给服务对象留下美好的第一印象。在与服务对象沟通过程中，社会工作者要注意运用同理心技巧，站在服务对象的角度思考问题，处在服务对象的语境回答问题，给予服务对象舒适的沟通环境。

案例分享

案例 5-5：在开展社会救助入户探访工作中，向社会救助对象“亮身份”是 J 镇社工站社工必须要做的工作。J 镇社工表示：“我们社工在对救助对象进行入户探访或开展相关工作时，尤其是在工作初期，都要很认真地向救助对象解释我们的身份和来意。因为救助对象会把我们当成民政专干。所以我们就需要向他们解释：我们是社工，是由某某社会工作机构派驻民政事务办协助民政专干开展工作的。此外，也可以根据特殊需求为他们提供专业的社会工作服务。”

案例来源：湖南省宁乡市J镇社工站

第二步：常联系。亮明身份之后，社会工作者要与服务对象保持良好的联系状态。社会工作者开展工作都是带有目的性的，即使是简单的聊天，也可从中获取部分信息，进而了解服务对象及周围环境。常联系，不是社会工作者天天围着服务对象转，而是在恰当的时间给予服务对象恰当的问候与反馈，让服务对象感受到社会工作者的温暖和关心。社会工作者与服务对象的联系也需要媒介，比如为热爱唱歌的服务对象下载伴奏、为使用智能手机困难的服务对象解答难题、协助因疫情在家的老年服务对象购买物资等，通过媒介与机会，加强与服务对象的互动，提高联系的频次，进而促进专业关系的发展。

第三步：价值心。专业关系的建立是社会工作者与服务对象相互信任的基础。经过前两步的铺垫，社会工作者与服务对象的关系会得到更深层次的发展，直至专业关系的建立。一方面，社会工作服务的过程往往带有契约精神，社会工作者与服务对象构建的专业关系更使这种契约精神得以延续；另一方面，专业关系的建立融合了社会工作者的价值感、服务对象的安全感，更能凝聚社会工作者与服务对象的力量，满足服务对象的需求或解决服务对象的问题，提高社会工作服务效果。

二、如何做好访谈

社会工作者在访谈中要运用好以下 3 个方面的技巧。

（一）支持性技巧

——专注。借助友好的视线接触、开放的姿势以及专心的态度关注服务对象的表达。

——倾听。用心聆听服务对象传达的信息，细致观察服务对象的表情动作，及时思考、整合信息，理解服务对象的感受并作出积极的回应。

——同感。设身处地体验服务对象的内心感受，理解准确并将其传达给服务对象，引导服务对象对自己的感受、想法作进一步思考。

——鼓励。通过口头语言和肢体语言肯定服务对象的积极表现，使服务对象继续表达自身的感受和看法，保持已有的良好行为。

（二）引领性技巧

——提问。运用封闭式或开放式问题，引导服务对象作答，以收集信息、探索问题。

——澄清。引导服务对象对模糊不清的陈述和信息作更详细、更清楚、更准确的表达和解说。

——对焦。将话题、讨论范围、内容或者问题集中，指出重心和目标所在，再继续讨论。

——摘要。把服务对象的大段谈话内容或不同部分的话题进行整理、概括和归纳，并作简要摘述。

（三）影响性技巧

——信息提供。向服务对象提供相关的新知识、新观念等，或纠正服务对象已知的错误信息。

——自我披露。有选择地向服务对象披露自己的亲身经验、处事方法和态度等，为服务对象提供参考。

——建议。对服务对象的情况、需要或问题了解和评估后，提出建设性意见。

——忠告。向服务对象指出其行为的危害性或必须采取的行动。

——对质。当发现服务对象出现言行不一致的情况时，直接发问或提出质疑。①

① 全国社会工作标准化技术委员会．社会工作方法 个案工作：MZ/T 094—2017［S/OL］.［2022-10-01］. http://www.gov.cn/xinwen/2018-01/16/content_5257155.htm.

第四节　如何做好个案工作记录

记录是个案工作实务专业化的重要体现，是工作过程中必不可少的重要步骤。本节将为大家讲述个案工作记录的重要性及注意事项，并附上几个重要的记录表供社会工作者参考。

一、个案工作记录的重要性

个案工作记录既是社会工作者提供服务的记录痕迹，是社会工作者的工作范畴，是社会工作者成长的必经阶段，也是社会工作者的上级主管、主任、督导、评估专家检查、审核和评估服务成效的途径之一。

二、撰写个案工作记录的注意事项

撰写个案工作记录应注意以下 4 个方面：一是每个工作阶段均应有文字记录，可采用录音、录像等作为记录的辅助手段；二是应保证记录资料的真实性、完整性和全面性；三是应注意个案记录的保密范围、例外状况等原则性规定；四是记录应及时归档整理，妥善保存。

三、如何整理个案工作记录

在服务机构里，个案工作记录及相关资料通常都是统一管理的，要集中存放在机构的文件柜里。社会工作者在每次开始工作前领取个案工作记录文件夹，为服务对象提供服务以后及时完成记录，而后归还文件夹。

个案工作记录表格不能随便散落在办公桌上，不能随便带出服务机构，同时他人也不能随便查阅文档记录，这些都是个案工作实务保护服务对象隐私的具体体现。此外，个案工作记录等资料存放的时限以及处理方式，都必须符合保密原则，同时还要遵守相关规定。①

---

① 安芹．个案工作实务手册[M]．北京：北京理工大学出版社，2015.

附：个案工作接案记录表、个案工作预估表、个案工作计划表、个案工作过程记录表、个案工作评估表、个案工作结案表①（见表5-1至表5-6）。

表5-1　个案工作接案记录表

服务对象姓名		社会工作者姓名	
日期、时段	年　月　日 时　分—时　分	地点	
服务对象来源及接受服务意愿			
来源：□主动求助　□转介　□外展 说明：__________ 接受服务意愿：□不愿意接受服务　□不适用　□愿意接受服务 说明：(不愿意接受服务或不适用请说明)			
服务对象情况			
服务对象基本信息（包括但不限于姓名、性别、年龄、联系方式等基本要素） 服务对象困境及需要			
社会工作者建议			
危机程度	□低　□中　□高 说明：__________		
紧急服务	□需要　说明：__________ □不需要		
社会工作者（签名）		日期	
督导者（签名）		日期	

① 全国社会工作标准化技术委员会．社会工作方法 个案工作：MZ/T 094—2017［S/OL］．［2022-10-01］．http://www.gov.cn/xinwen/2018-01/16/content_5257155.htm.

表 5-2　个案工作预估表

<table>
<tr><th>服务对象
姓名</th><th></th><th>个案编号</th><th></th><th>社会工作者
姓名</th><th></th></tr>
<tr><td colspan="6">一、背景资料</td></tr>
<tr><td colspan="6">（一）服务对象个人的生理、心理及社会等方面的资料</td></tr>
<tr><td colspan="6">（二）服务对象社会环境的微观、中观、宏观系统等资料</td></tr>
<tr><td colspan="6">（三）服务对象对自己及处境的感受、观念和看法</td></tr>
<tr><td colspan="6">二、服务对象问题及需要分析</td></tr>
<tr><td colspan="6">（一）以需求为导向，与服务对象讨论其需要、困境或问题</td></tr>
<tr><td colspan="6">（二）以资源为导向，识别服务对象及其所处环境中的资源、优势与障碍</td></tr>
<tr><td colspan="6">三、服务目标</td></tr>
<tr><td colspan="6"></td></tr>
<tr><td colspan="6">四、服务内容</td></tr>
<tr><td colspan="6"></td></tr>
<tr><td>社会工作者
（签名）</td><td colspan="2"></td><td>日期</td><td colspan="2"></td></tr>
<tr><td>督导者
（签名）</td><td colspan="2"></td><td>日期</td><td colspan="2"></td></tr>
<tr><td colspan="6">注：此表格请在个案工作首次接触后 5 个工作日内完成</td></tr>
</table>

表 5-3　个案工作计划表

服务对象姓名		个案编号		社会工作者姓名	
概述问题呈现及原因分析					
目的（与服务对象商议后制定）					
服务模式					
目标、介入策略、工作进度					
评估方法					
社会工作者（签名）		日期			
督导者（签名）		日期			

表 5-4 个案工作过程记录表

<table>
<tr><th>服务对象姓名</th><th></th><th>社会工作者
姓名</th><th></th></tr>
<tr><td>日 期</td><td></td><td>地 点</td><td></td></tr>
<tr><td>次 数</td><td>第______次</td><td>时 段</td><td></td></tr>
<tr><td>服务形式</td><td colspan="3"></td></tr>
<tr><td colspan="4">介入目标</td></tr>
<tr><td colspan="4"></td></tr>
<tr><td colspan="4">介入过程（概述）</td></tr>
<tr><td colspan="4"></td></tr>
<tr><td colspan="4">介入小结</td></tr>
<tr><td colspan="4"></td></tr>
<tr><td colspan="4">下次介入计划与建议</td></tr>
<tr><td colspan="4"></td></tr>
<tr><td colspan="4">督导者意见</td></tr>
<tr><td colspan="4"></td></tr>
<tr><td>社会工作者
（签名）</td><td></td><td>日期</td><td></td></tr>
<tr><td>督导者
（签名）</td><td></td><td>日期</td><td></td></tr>
</table>

表 5-5　个案工作评估表

<table>
<tr><td>服务对象姓名</td><td></td><td>个案编码</td><td></td><td>社会工作者姓名</td><td></td></tr>
<tr><td>接案日期</td><td colspan="2"></td><td>结案日期</td><td colspan="2"></td></tr>
<tr><td colspan="6">以下内容由服务对象填写</td></tr>
<tr><td colspan="6">一、您接受了社会工作者的哪些服务</td></tr>
<tr><td colspan="6"></td></tr>
<tr><td colspan="6">二、接受了社会工作者的服务后，您应对困难、解决问题的能力是否获得提升</td></tr>
<tr><td colspan="6">□是　　说明：________________________
□否</td></tr>
<tr><td colspan="6">三、您对社会工作者的表现满意吗（请在答案处打钩）</td></tr>
<tr><td colspan="6">非常满意　　满意　　一般　　不满意　　非常不满意</td></tr>
<tr><td colspan="6">四、接受本机构服务后，您的情况有否改善（请在答案处打钩）</td></tr>
<tr><td colspan="6">完全没有改善　　　　　　　　　　完全解决
1　2　3　4　5　6　7　8　9　10</td></tr>
<tr><td colspan="6">五、本服务结束之时，您与社会工作者商定的目标达成情况如何（请在答案处打钩）</td></tr>
<tr><td colspan="6">完全达成（　　）原因说明：________________________
部分达成（　　）原因说明：________________________
未能达成（　　）原因说明：________________________</td></tr>
<tr><td colspan="6">六、其他评价及建议</td></tr>
<tr><td colspan="6"></td></tr>
<tr><td>服务对象
（签名）</td><td colspan="2"></td><td>日 期</td><td colspan="2"></td></tr>
</table>

续表

<table>
<tr><td colspan="4">以下内容由社会工作者填写</td></tr>
<tr><td colspan="4">一、目标达成情况（重点描述服务对象转变，如情绪改善、行为改变及能力提升等）</td></tr>
<tr><td colspan="4"></td></tr>
<tr><td colspan="4">二、总结与反思</td></tr>
<tr><td colspan="4"></td></tr>
<tr><td>社会工作者
（签名）</td><td></td><td>日 期</td><td></td></tr>
<tr><td colspan="4">以下内容由督导者填写</td></tr>
<tr><td colspan="4">对服务评价</td></tr>
<tr><td colspan="4"></td></tr>
<tr><td colspan="4">社会工作者表现评价</td></tr>
<tr><td colspan="4"></td></tr>
<tr><td colspan="4">督导者建议</td></tr>
<tr><td colspan="4"></td></tr>
<tr><td>督导者
（签名）</td><td></td><td>日 期</td><td></td></tr>
</table>

表 5-6　个案工作结案表

<table>
<tr><td>服务对象姓名</td><td></td><td>个案编码</td><td></td><td>社会工作者姓名</td><td></td></tr>
<tr><td>接案日期</td><td colspan="2"></td><td>结案日期</td><td colspan="2"></td></tr>
<tr><td colspan="6">介入过程及现状总结</td></tr>
<tr><td colspan="6">1. 服务时间跨度、服务次数、服务方式
2. 服务对象的情况变化，问题解决程度
3. 目前服务对象的意愿、情绪、期望等
4. 社会工作者观察、总结</td></tr>
<tr><td colspan="6">目标达成情况</td></tr>
<tr><td colspan="6"></td></tr>
<tr><td colspan="6">结案原因</td></tr>
<tr><td colspan="6">□目标达到　□超出服务范围
□社会工作者认为不适合继续跟进　说明：
□服务对象不愿意继续接受服务　说明：
□其他情况　说明：</td></tr>
<tr><td colspan="6">服务对象知道个案已结束并知道在有需要时如何得到服务　□是　□否</td></tr>
<tr><td colspan="6">结案后回访跟进计划</td></tr>
<tr><td colspan="6"></td></tr>
<tr><td>社会工作者（签名）</td><td colspan="2"></td><td>日期</td><td colspan="2"></td></tr>
<tr><td>服务对象（签名）</td><td colspan="2"></td><td>日期</td><td colspan="2"></td></tr>
<tr><td>督导者（签名）</td><td colspan="2"></td><td>日期</td><td colspan="2"></td></tr>
</table>

第6章

常用社会救助小组工作方法

小组工作在社会救助服务中是一种常见的服务方法。其主要功能是：运用小组团体动力和营造小组文化氛围，为救助对象塑造平等主体意识和归属感；为救助对象提供自我改变和“被肯定”的社会场景；创造相互帮助和共同成长的学习机会；提升救助对象的人际交往和社会适应能力；扩展构建增能的社会支持网络。这些功能的发挥，有助于救助对象的需求得以满足，有助于救助对象自身的社会功能得以恢复和发展。社工站如何开展救助小组工作，是社工站社会工作者们不断深入持续学习的课题。本章将结合当前本土社会工作实际，重点介绍小组工作的基本原理、常用小组工作模式、常用小组工作技巧和如何做好小组工作记录。

第一节 小组工作的基本原理

一、小组工作的定义

小组工作是一种运用科学知识和技巧开展服务的方法，以具有共同需求或相近问题的群体为服务对象，通过小组活动过程及组员之间的互动和经验分享，帮助小组组员改善其社会功能的一种专业社会工作方法。[①]

二、社工站开展救助小组工作的步骤

了解小组工作的定义后，社会工作者需要对开展救助小组工作的服务

① 全国社会工作标准化技术委员会．社会工作方法 小组工作：MZ/T 095—2017［S/OL］．［2022-10-01］. http://www.gov.cn/xinwen/2018-01/16/content_5257155.htm.

过程有所了解。本部分主要对社工站开展救助小组工作的步骤作简要介绍。

小组工作的发展过程共有 5 个阶段：准备阶段、开始阶段、中期转折阶段、成熟阶段和结束阶段。

（一）小组准备阶段

1. 前期调研

在开展社会救助工作前，社会工作者有必要进行前期的调研，充分了解救助服务对象和各利益相关方对小组的类型要求、需求、期望等，同时了解可以支持开展小组的资源。

2. 组员的招募和遴选

（1）组员招募方式。结合前期的调研情况，邀请有需求或感兴趣的服务对象来参加。招募组员的方式有以下几种：①已经是本机构的服务对象；②主动前来寻求帮助的服务对象；③其他机构转介来的服务对象；④通过线上线下发布信息前来求助的人员，例如通过互联网、社区宣传栏等途径了解到信息的人员；⑤通过社区干部、民政专干推荐参加的人员。

（2）组员遴选和评估。社会工作者可以通过个别会见、个别电话访谈或者问卷调查等形式，对小组成员进行遴选和评估。评估需要综合考虑小组成员的年龄、性别、教育背景、家庭状况以及对小组的期望和感兴趣状况。

（3）确定组员。根据小组的类型、规划、目标及人数要求来确定组员。小组成员的人数在 8 个左右较为合适。

3. 确定小组目标

小组目标有总目标和具体目标之分。在制定小组目标时，要遵循 5 个原则：（1）目标要清楚。（2）目标要有明确的时间限制。（3）制定的目标要尽可能与救助小组成员的实际能力相匹配。（4）目标之间要相容。（5）表述目标尽量使用正面的、通俗的、肯定性的语言。

4. 制订小组工作计划书（参见表 6-1）

一份专业的小组工作计划书是开展小组工作的必要条件。在开展小组的准备阶段，社会工作者要根据小组目标及资源等条件，制订一份切实可行的小组工作计划书。

在制订小组工作计划书时，需要注意：在提问环节，应尽量设置较为通俗易懂、容易回答的问题来引导小组成员回答；在分享时，也尽量使用通俗易懂的语言来引导小组成员进行分享。

5. 申报并协调资源

开展小组工作需要人力、物力、资金、场地等方面的资源，社会工作者可以向所在服务机构提出申请，递交工作方案，争取批准和资源支持。社工站还可以向所在社区或乡镇（街道）汇报，争取有关资源。此外，社会工作者还可积极寻求社会公益资源的支持。例如，可以邀请企业人力资源老师担任职业技能培训老师。

6. 确定小组活动场地和时间

小组活动场地要考虑选择安全、安静、舒适的活动场地和环境。小组活动时间需考虑三方面的内容，包括小组聚会的频率、每次聚会的时间长短、每节小组活动的时间安排。小组活动场地和时间均可以根据服务对象和社会工作者的时间来定。①

（二）小组开始阶段

在小组的开始阶段，组员们刚进入小组，内心处于矛盾、四处观望的状态，往往存在迷茫、疑惑等问题，并且对于社会工作者存在依赖性。此时社会工作者的角色非常重要，重点在于帮助小组组员之间建立信任关系。这一阶段的任务主要包括：

1. 协助组员彼此相互认识

社会工作者可运用破冰游戏打破沉默的局面，营造轻松愉快的氛围；同时，还可以邀请组员通过游戏来进行自我介绍（姓名、兴趣爱好等），加深组员之间的认识。在小组成员相互认识环节应特别注意有些小组成员没有做好发言准备，避免出现强行要求组员发言的情况。

---

① 全国社会工作者职业水平考试教材编委会．社会工作综合能力：中级［M］.10版．北京：中国社会出版社，2021：180-183.

2. 强化组员对小组的期望，提高对小组目标的认识

在开展小组活动时，小组成员对小组目标比较模糊、抽象，对小组的认知和期待也不尽相同。因此，小组开始时就要先与大家讨论小组目标，制定大家共同认知的目标，这样做可以使大家清楚小组能够帮助他们实现什么。

3. 建立小组契约和小组规范

小组契约可以采用书面或口头承诺的形式，大致包括小组程序和组员目标两方面的内容。小组规范是管理和协调组员行为的准则。社会工作者可从以下3个方面来制定小组规范：（1）秩序性规范，用来界定组员之间的互动准则。（2）角色规范，界定和明确组员期望的具体角色和行为。（3）文化规范，澄清小组的基本信念和价值，强调开放、平等、保密、非批判、团结合作等原则。在制定小组契约和小组规范后，应当邀请组员共同签署小组契约，表示小组成员同意小组契约。

4. 营造信任的小组气氛

社会工作者营造小组气氛有以下几种方法：（1）积极主动与组员沟通，运用同理心倾听组员的问题并及时作出回应。（2）创造机会让组员表达自己的想法，鼓励组员间的相互反馈和关怀，让组员感觉到自己被重视和接纳。（3）寻找和强调组员之间的相似性，可以邀请组员分享人生经验和感兴趣的事等。（4）澄清组员之间的误会。①

5. 及时撰写“小组工作过程记录表”（参见表6-3）

（三）小组中期转折阶段

在小组中期转折阶段应完成的主要工作包括：

1. 关注组员的抗拒和防卫的心理状态

例如，有些组员为了保护自己、减少焦虑，会缺席或迟到、沉默少语、常常转变话题、仅以理性与他人表面互动、独占话题等。社会工作者应及时关注组员的心理状态变化，出现此情况时及时与小组成员进行交谈。

---

① 全国社会工作者职业水平考试教材编委会．社会工作综合能力：中级［M］.10版．北京：中国社会出版社，2021：183-185.

2. 协调和处理冲突

社会工作者应及时了解组员产生冲突的原因，在处理冲突时要保持包容、冷静和理性的态度。同时，可以尝试运用如下方法：(1) 帮助组员澄清冲突的本质，特别是澄清冲突背后的价值观差异。(2) 增进小组成员对自我的理解，如运用角色扮演方法，重现冲突情境，以增进自我了解和对他人处境的敏感度。(3) 重新调整小组规范和契约。(4) 协助组员面对和解决由冲突带来的紧张情绪和人际关系紧张。(5) 运用焦点回归法，将问题抛回给组员，让他们自己解决。

3. 适当控制小组的进程

社会工作者可以运用如下措施：(1) 协助组员对整体目标进行提醒或重申。(2) 在所有组员都认可小组整体目标的情况下，通过小组团队合作的方式，帮助他们订立一份可执行的计划。(3) 社会工作者应适当控制小组的进程，引导小组成员以小组为中心的互动，创造一个以小组为中心的解决问题的情境，以期更好地实现小组目标。[①]

4. 撰写“小组工作过程记录表”(参见表 6-3)

(四) 小组成熟阶段

到了小组成熟阶段，小组的关系结构逐渐稳定，小组活动运作状态良好，组员之间更愿意了解和被了解，更愿意接纳他人，更愿意相互合作、相互支持、相互肯定，提出的建议或计划也更切合实际。

在小组成熟阶段，社会工作者的工作主要包括：

1. 协助组员维持小组的良好互动

小组工作的成熟阶段基本已经形成了一套良好的互动模式，社会工作者可以引导小组成员对形成的互动模式进行观察和讨论总结，形成良好的互动经验。

2. 协助组员从小组中获得新的认知

社会工作者协助鼓励组员进一步自我表露、自我探索，以获得更深的

---

① 全国社会工作者职业水平考试教材编委会．社会工作综合能力：中级［M］.10 版．北京：中国社会出版社，2021：185-187.

自我认识。同时鼓励组员之间积极分享反馈，让组员对事物有更客观的了解，对环境和自我有新的认识。

3. 协助组员把认知转变为行动

在组员有了新的认知后，社会工作者还需要协助组员意识到必须为自己的改变承担责任，并将组员的这种认知转换为实际的行动。同时鼓励组员要有信心、勇气去尝试和坚持。

4. 鼓励组员之间相互帮助，协助组员解决有关问题

社会工作者协助组员澄清相关问题，鼓励组员相互帮助，共同寻找解决问题的方法并付出实际行动解决。①

5. 撰写“小组工作过程记录表”（参见表 6-3）

（五）小组结束阶段

小组结束阶段是小组的完结期，已经达到预期目标，也是小组工作的最后阶段。在小组结束阶段，小组关系结构出现弱化，小组组员出现离别情绪。

在小组结束阶段，社会工作者需要做好以下工作：

1. 处理组员的离别情绪与感受

社会工作者提前告知成员小组的结束日期，让组员做好心理准备；与组员一起讨论和处理离别情绪；在结束小组时，可以举办有仪式感的小组结束仪式，例如合影留念、颁发证书、颁发奖牌等。

2. 协助组员巩固所学到的小组经验并运用到日常生活中

社会工作者可采用以下方法：（1）在小组中创造现实的生活环境，让小组成员在小组中练习学到的经验与行为规范。（2）鼓励肯定组员的变化，让组员对今后的生活充满信心。（3）协助组员向家人、朋友寻求支持帮助，维持巩固小组成员的变化。（4）鼓励组员独立完成工作，降低对小组的依赖，降低对社会工作者的依赖。（5）可进行跟进服务，例如转介、跟进聚会、安排探访，跟进聚会通常可安排在小组结束后的两个月后、三

① 全国社会工作者职业水平考试教材编委会．社会工作综合能力：中级[M].10版.北京：中国社会出版社，2021：187-189.

个月后或半年后。

3. 小组评估

小组评估贯穿于小组工作的整个过程。结束阶段需要对小组工作做一个整体的评估。评估的方式如下：（1）社会工作者自评：小组目标是否达到、工作表现等。（2）组员自评：小组的目标是否实现，个人哪些方面得到改变；参加小组的感受如何；小组的效能怎么样。（3）观察者或督导者评估：对组员的观察与评估；对小组效能的评估。①

4. 撰写“小组工作过程记录表”（参见表 6-3）

5. 撰写“小组工作评估总结报告”（参见表 6-4）

第二节　常用小组工作模式

在社会工作参考书目中，小组工作主要有社会目标模式、治疗模式、发展模式和互惠模式这 4 种常见的服务模式。在当前的社会工作服务领域和实际调研的场域中，呈现更多的则是兴趣小组、成长小组、支持小组、治疗小组等类型。在社会救助领域中运用较多的是成长小组、支持小组。本节将对这 4 个小组展开探讨，希望能对社工站社会工作者有所帮助。需要说明的是，在实际开展小组工作中，小组工作对象不完全是救助服务对象，还有非救助服务对象。

一、兴趣小组

（一）兴趣小组的含义

兴趣小组的开展主要是以小组成员们的共同兴趣为载体，旨在通过小组活动促进成员的兴趣特长的发展和成员的团结和谐。

---

① 全国社会工作者职业水平考试教材编委会．社会工作综合能力：中级［M］．10 版．北京：中国社会出版社，2021：189-190.

（二）兴趣小组的适用情景

兴趣小组的目的在于促进小组成员的兴趣、技能的发展。需要说明的是，兴趣小组在社会救助领域运用得较少。因此，小组主要适用于促进兴趣、爱好发展的人群，例如书法小组、手工小组、陶艺小组等。

案例分享

案例 6-1：

活动主题："多彩生活·舞出夕阳"兴趣小组活动

为丰富社区老人日常生活，培养他们对舞蹈的兴趣，提倡健康、文明的生活方式，××年××月××日至××月××日，某街道社工站开展了"多彩生活·舞出夕阳"兴趣小组活动。本次小组活动共计 6 节，活动共招募组员 14 人，累计服务 67 人次。

小组初期，社工向组员介绍了小组活动的内容、流程及目的，引领组员进行自我介绍，促进组员间相互认识，在简单的介绍后小组活动氛围逐渐活跃起来。随后，社工组织组员们一起玩"幸福扭扭"破冰小游戏。游戏不仅加强了组员彼此之间的沟通，还消除了组员之间的陌生感，活跃了小组气氛。最后，社工与组员一起讨论和制定小组契约，组员们纷纷表示会遵守小组契约，按时参加活动。

小组中期，每节活动前社工都会带领组员练习手指操来帮助组员热身，活跃气氛。在这一阶段，小组成员需要学会"小苹果""青青河边草"广场舞的连贯动作。社工先把舞蹈动作一一分解，然后逐步教学，直到组员学会。在学习的过程中，组员们全神贯注，尽可能把动作做到最标准。当看到组员动作不正确时，社工会耐心地纠正，组员们也乐此不疲。在组员们每天不懈坚持下，两支优美的舞蹈呈现在人们的眼前。

小组后期，社工引导组员反复练习舞蹈连贯动作，尝试跟上音乐的节拍。在社工的不断鼓励和带领下，组员们跟上音乐完成了舞蹈的所有动作，大家脸上也露出了满意的笑容。其中组员聂奶奶说道："今天是我参加活动的第6天了，每次练习舞蹈后，都感觉比以前精神了，晚上也睡得越来越好了。参加这次活动不仅锻炼了身体，而且培养了我对广场舞的热爱，希望以后能多开展此类的活动。”其他组员也纷纷点头表示赞同。

通过开展6节舞蹈兴趣小组活动，进一步丰富了社区老人的日常生活，培养了社区老人的舞蹈兴趣，为社区老人提供了发挥兴趣爱好与特长的平台，更好地营造了社区和谐氛围，增加了邻里交流，为老人带去一份快乐、送上一份关怀，实现了“老有所乐”和享受美好的晚年生活。

案例来源：威宁县J社会工作服务中心

二、成长小组

（一）成长小组的含义

成长小组以发展模式为基础，成长小组的工作重点在于帮助小组成员了解、认识和探索自己，从而最大限度地链接、整合和运用小组成员的内在资源及外在资源，充分挖掘发挥自己的潜能，解决所面临的问题并促进小组成员正常健康地发展。因此，成长小组关注的是小组成员自身的发展成长。[①]

（二）成长小组的适用情景

成长小组以成员的发展为目标，成长小组的服务焦点在于个人的成长和正向改变。因此，成长小组是既可以适用于救助性的，又可以适用于出于不同人群的需要而开展的各类“体验小组”，例如职业体验小组、青少年野外拓展训练营等。[②]

① 全国社会工作者职业水平考试教材编委会．社会工作综合能力：中级［M］.10版.北京：中国社会出版社，2021：168.

② 顾东辉．社会工作概论［M］．上海：复旦大学出版社，2008：129.

案例分享

案例 6-2：

活动主题：“××机构里的庆新春活动”

1. 案例背景

××机构主要服务的是本镇肢体一二级残疾、智力精神三四级残疾且年龄在 18~53 周岁的人。现有 45 人，其中 30 余人为社会救助对象。前期社会工作者通过与该机构的负责人对接了解到，该机构的服务对象日常活动以看电视和手工折纸盒为主，生活模式较为单一，只能针对性地满足一部分具备劳动能力的服务对象的需求。

为了让服务对象能够度过一个更有意义的春节，同时也让大众认识到这个特殊群体的潜能，社会工作者计划在该机构开展“喜迎新春，属我最暖”关爱残疾人系列活动。

2. 分析预估

（1）本小组主要面向××机构的服务对象，社会工作者根据服务对象的自身情况选择操作简单的活动方式，尽可能确保每位服务对象都能参与进去。

（2）××机构第一次开展专业小组活动，服务对象积极性可能不高，社会工作者需要控制小组节奏，及时做到引导与澄清。

3. 服务计划

（1）小组理念。社会活动理论认为，社会活动是生活的基础，人们对生活的满意度是与社会活动紧密联系在一起的。社会活动是人们认识自我、获得社会角色、寻找生活意义的主要途径。残疾人虽然有缺陷，但是不能剥夺他们的社会性，应当尽可能多地参加各种各样的活动。只有多方参与活动，才能充分保持他们的活力，更好地促进他们的生理、心理和社会方面的积极进步。通过此小组可以让残疾人群体保持较高的活动参与度，丰富其生活，也能让大家都认识这一群体的潜力。从优势视角出发，认识到每个人都有存在的资源和优势，社会工作者要协助他们去发现和发掘，让他们能够感受到自己的潜能。开展活动，既能锻炼他们的动手能力，放松身心；又能加深他们之间的交流，建立同伴群体的支持系统。

(2) 小组目标。①通过与服务对象共同设计迎新春社区活动，为服务对象提供自我学习与展示的平台，提升服务对象自我价值感。②通过小组组员的共同努力，成功开展一次迎新春社区活动。

(3) 小组性质：本小组类型为成长小组，旨在促进服务对象的能力提升。

(4) 小组对象：××机构有意愿参加、能沟通的服务对象均可加入本小组。

(5) 时间：××年××月××日—××月××日，每个工作日 14：00—15：00，共计6次。

4. 服务计划实施过程

(1) 筹备工作。

此次活动在开展前半个月开始筹备，包含方案撰写及审核、与活动相关方工作对接、活动参加者招募、相关附件资料和材料的准备、活动物资采购等。

方案撰写阶段，考虑到此次活动面向的都是残疾人，包括智力残疾和肢体残疾，不同的残疾对象都有不同的需求和特点，而且没有参加过小组活动，活动形式的设计需要考虑服务对象的特殊性，尽量选择所有组员都能接受和参与的内容。

活动参加者主要是通过自主向××机构工作人员报名确定，另外还借助组员的力量进行扩展，活动共招募组员11人。在活动开始前，社会工作者在网上寻找迎新年视频，搜集残疾人能够接受的活动方法，也链接托养中心的工作人员一起维护秩序，尽量使每位服务对象都能参与活动，以确保活动顺利开展。

活动物资的筹备主要是购买活动所需物资，制作并打印场地布置所需纸质资料，打印相关横幅，购买水果与纪念品等。

(2) 活动过程记录。

①活动前期。活动前期主要是第一节小组活动和第二节小组活动。第一节活动开始，社会工作者先向服务对象介绍自己，然后通过破冰游戏让

服务对象用简单的话语进行自我介绍（姓名、爱好、年龄等），最后服务对象一起制定小组契约，并在小组契约上签名。第二节活动开始，社会工作者播放活动视频，让服务对象对活动设计有大致了解，然后社会工作者将提前准备好的场景布置图片给服务对象观看，组织服务对象对活动所需物资等事宜举手表决通过，服务对象均积极参与活动事宜。

②活动中期。小组活动第三节和第四节为活动中期。第三节活动开始，在回顾上节活动后，社会工作者介绍本节活动内容主要是手工制作新春活动装饰用的鞭炮。服务对象被分成三组，每组由一名社会工作者带领制作。在制作鞭炮过程中，组员之间相互帮助，小组凝聚力得到进一步提升。第四节小组活动内容是制作迎新年展板。社会工作者首先让服务对象根据自己的喜好选择打印好的成品图和相关的辅助材料。之后服务对象被分成三组，每组由一名社会工作者带领，小组成员都非常投入，按照分工完成任务——剪纸、涂色、折扇子。然后将其组合成一幅完整的画，小组成员都迫不及待地签上自己的名字，并向其他服务对象展示和合影。

③小组后期。第五节小组活动和第六节小组活动为小组后期。在第五节小组活动中，活动内容主要是组装装饰物和在户外开展春节活动游戏，例如套圈夺宝、背靠背我相信你等，最终确定春节活动游戏内容与相关规则。社会工作者告诉小组成员下节活动是最后一次小组活动。在第六节小组活动中，活动内容主要是布置活动场地，录制新年祝福视频。在布置活动场地过程中，服务对象之间相互配合、相互帮助，积极布置活动场地。在录制视频环节，服务对象都很积极地录制，表现很棒。小组成员还要求将录制的视频发送给家人，一起感受服务对象的成长。最后，社会工作者就春节活动的时间、内容等进行了预告，肯定了组员对筹备工作的付出，提升了组员的自我价值感。

5. 总结评估

在小组中，所有服务对象都是自愿报名参与的，所以主观能动性较强，自发组织完成任务，相互积极配合、给予支持。社会工作者在小组活动的环节设置上充分考虑服务对象的情况，尊重服务对象提出的建议，所以小组成员参与度很高。虽然服务对象各自学习能力不一，但是学得又好又快的服务对象能够热情帮助有困难的服务对象，思维活跃的服务对象也会为小组出谋划策，指导智力上有所欠缺的服务对象，大家扬长补短、通力协作，小组中学习和合作的氛围非常好。每节小组活动开始前服务对象都会主动帮忙一起搬桌椅，结束后会一起打扫活动室卫生；遇到有搞破坏的，会及时阻止或者告知××机构的工作人员，服务对象已经充分融入小组并爱护小组的劳动成果，小组动力形成情况良好。

6. 专业反思

本小组设计的初衷，是一场社区小组活动的筹备工作，借由活动的策划、筹备，邀请活动的参与者成为小组的服务对象，全方位参与一场活动从设计到开展的全过程。在此过程中，服务对象理解了活动的含义、明白了筹备的艰辛、参与了流程的设计，不但对活动有了更清晰、更明了的认知，而且通过小组活动重新认识了身边的朋友和朋辈群体，提升了团队凝聚力，增强了自身的认同感，达到了共同成长、共同进步的目标。

如何为残障人士等特殊群体开展既有特色又有成效的服务，本就是社会工作者需要积极思考和创新的重点和难点。筹备小组的亮点在于将枯燥烦琐的筹备环节单独提出，不再由社会工作者独立完成，而是让服务对象一起想办法解决，这样既能提高服务对象在活动中的参与度，又能锻炼服务对象的动手动脑能力，可以使小组活动顺利开展。

案例来源：长沙市 J 社会工作服务中心

三、支持小组

（一）支持小组的含义

支持小组通常由拥有某一相同性问题的小组成员组成，小组成员通过组员之间相互分享信息、建议以及情感上的鼓励支持，从而达到解决某一问题和促进小组成员改变的效果。①

① 全国社会工作者职业水平考试教材编委会．社会工作综合能力：中级［M］.10 版.北京：中国社会出版社，2021：168.

（二）支持小组的适用情景

支持小组主要强调的是发挥小组组员的自主性，鼓励成员分享经验并协助解决彼此的问题。支持小组常适用于单亲家庭自强小组、慢性病长者互助小组、自闭症儿童家属互助小组。在社会救助服务领域，常见的支持小组主要是儿童支持小组和隔代照顾者支持小组。①

案例分享

案例 6-3：

活动主题："巧动手，我能行"困境儿童生活技能提升小组

1. 案例背景

社工了解到，辖区内的部分儿童（31.46%）有的因为父母服役缺少亲情和关爱，在学校更是缺少朋友同伴；有的父母在身边却因为独立自理能力较低而烦恼，存在社会发展适应能力不足问题。在实际探访中了解到，一些照顾者的迫切需求是：希望获得社会支持，帮助培养子女的自理能力、独立生活能力，让子女逐渐融入社会生活，同时在一定程度上缓解家庭照顾者的压力。

2. 服务计划

（1）小组理念。本次小组活动运用马斯洛需求层次理论和增能理论。马斯洛需求层次理论认为人有五个层次的需求，分别是生理、安全、爱和归属感、尊重和自我实现的需求。增能是指个人在与他人及环境的积极互动过程中，获得更强的对生活空间的掌控能力和自信心，以及促进环境资源和机会的运用，以进一步帮助个人获得更多能力的过程。本次活动中，我们采用融合小组的形式，促进困境青少年儿童和普通青少年儿童一起通过友好关系的建立认识新的朋友、学习新的技能。在小组环节设计中，社会工作者不仅促进组员习得自我保护的技能，学会获取自己需要的社会资

① 顾东辉．社会工作概论[M]．上海：复旦大学出版社，2008：129.

源，更联动了服务对象家长一起来协助组员完成小组的作业，为组员创造有利的环境。

(2) 小组目标。①服务对象非常满意活动内容的设计；②服务对象在生活技能成长上有所收获。

(3) 小组性质：成长支持小组（共计6次）。

3. 服务计划实施过程

(1) 筹备工作。小组活动的筹备工作主要是撰写计划书、组员的招募和筛选、确定组员、招募志愿者、准备活动产品和材料、活动布置、通知小组成员参加小组活动。在撰写小组计划书过程中，社会工作者询问组员的意见并将其写入计划书中，尊重组员的想法。社会工作者在困境儿童服务对象群内发布海报招募组员（辖区困境儿童与普通儿童），之后对组员进行筛选，确定组员。在活动开始前，社会工作者在辖区内招募志愿者，准备活动奖品和材料，为开展小组活动做准备。

(2) 活动过程记录。

①活动前期。第一、二节小组活动是活动前期。第一节小组活动中，小组成员表现得有些生疏、拘谨，不知所措。为此，社会工作者运用鼓励和支持的技巧，用爽朗的语调和温和的面部表情给组员营造一种放松的氛围，从而传达对成员的支持和鼓励，同时给服务对象设置了“松弛社交性的基调”。此后，小组成员一起制定小组契约。组员表示下一节还愿意来参加小组活动。最后，社会工作者布置了作业：回去分辨衣服的颜色和类型（起码知道7种）；准备第二节小组要用到的衣物（一条裤子、一件T恤）。第二节小组活动中，社会工作者首先引导小组成员回顾上一节内容，接着介绍本节活动内容，主要是让组员学习整理衣物、折叠衣物、分辨色彩，懂得衣服的类型和基本穿着。

②活动中期。第三、四节小组活动是活动中期。第三节小组活动主要是做水果拼盘。组员们觉得很简单，可当跟随社会工作者翻阅图片时又觉得很有挑战性。社会工作者引导组员一起制作水果拼盘，最后在组员的相互帮助和支持下，水果拼盘制作好了。社会工作者在第四节小组中设计了情景模拟环节，让组员通过角色扮演的方式扮演一个独居的人，为他设计

整理居家环境的方案。其中在设计打扫计划环节，每位组员都发表了自己的想法。让社会工作者印象深刻的是，组员告诉社会工作者："在家都是妈妈做家务，参加本节小组后感觉妈妈非常辛苦。"在本节活动中，小组成员们都表现非常棒。

③活动后期。第五、六节小组活动是活动后期。第五节小组活动主要是"安全伴我行"的交通安全出行活动。本节小组活动中，社会工作者链接资源，例如"警察叔叔帮助拍视频"，让小组成员熟悉城市交通的运行，判断交通工具的摆放与运行以及路人行为的对错，学会辨认沿途的交通标识等。小组成员非常积极地投入此环节活动中。社会工作者告诉组员小组活动的结束时间。第六节小组活动主要是检验小组活动成果。例如举行叠衣服比赛、制作水果拼盘比赛，由社会工作者检验小组成果并颁发奖状。在活动最后，社会工作者表达了自己对组员的期许和祝愿，也再次强调这是小组的最后一节活动，更好地处理组员的离别情绪。

4. 总结与反思

（1）总结成效。通过本次小组工作的开展，社会工作者在文书撰写方面的技巧得到提升，为后续开展类似小组和文书书写提供了一定的经验积累。同时，社会工作者的自信心得到了提升，与辖区内服务对象的熟悉度更高了。

（2）反思不足。由于前期在招募小组成员时未对小组组员的年龄进行设置，导致小组组员的年龄差距比较大，个别组员的年龄特别小。因此，社会工作者临时改动了一些活动环节，增加了一些符合不同年龄段的活动内容，促使年龄大的组员带动年龄小的组员参与活动。

案例来源：厦门市J区H社会工作服务中心

四、治疗小组

（一）治疗小组的含义

开展治疗小组对社会工作者的工作能力要求较高。社工站社会工作者需要有一定的经验才能开展治疗性小组。因此，在社会工作救助领域，相对其他小组类型，治疗小组运用得较少。

治疗小组是指社会工作者借助小组活动的服务过程，运用小组经验交流和分享，通过整合资源和运用社会支持网络，治疗和解决小组成员的社会行为问题。①

（二）治疗小组的适用情景

治疗小组的重点在于改变小组组员的行为，重塑其人格，开发其潜能，促使其成为健康、健全的社会人。治疗小组主要适用于那些不适应社会环境，或者社会关系网络断裂破损而导致行为出现问题的人群。例如，心理治疗小组、偏差行为矫正小组、儿童康复治疗小组、园艺治疗小组等。②

案例分享

案例6-4：

活动主题："行动先锋-行为矫治"训练小组

1. 案例背景与分析预估

吸毒成瘾者的复吸行为一直是禁毒、戒毒工作的最大难题。为了降低学员的复吸率，本次活动社工采取心理治疗法中的行为矫正法来引导学员戒断毒品。通过活动指导学员意识到以往复吸的错误认知，运用行为训练法让其逐渐改正，促进其正常行为的产生以及习惯的养成，最后达到减少学员复吸行为、降低学员复吸率的目的。

2. 服务计划

（1）活动时间：××年××月××日，上午9：30—11：30。

（2）活动地点：某市某区强制隔离戒毒所。

（3）活动出席人数：12名社工。

（4）活动小组成员：阿明、阿乐、阿华、阿庆。

---

① 全国社会工作者职业水平考试教材编委会．社会工作综合能力：中级[M].10版.北京：中国社会出版社，2021：168.

② 顾东辉．社会工作概论[M]．上海：复旦大学出版社，2008：129.

（5）活动目的。通过本次小组活动，加深学员与社工之间的友好关系；社工通过一系列行为矫治训练，利用厌恶疗法，指导组员在日后出所后遇到类似情景时采取正确的行为手段，旨在减少组员对毒品的复吸行为。

3. 活动过程

活动开始，社工带领组员们回顾上一节小组内容并介绍本次活动的内容，又一次拉近了组员与社工之间的关系。在这一次的见面和小组活动中，组员们更加投入和热情了。随后社工带领组员进行“解手链”游戏，组员围成一圈，伸出左手与对面组员相拉，右手与身边组员相拉，通过不停地转圈解开手链。

回忆分享环节中，组员依次对个人犯毒瘾时的情形进行回忆，并就自己曾经出现过的某一次未能克制住毒瘾的行为进行分享。组员提到，“未能克制住毒瘾复吸后，非常痛恨自己，为什么克制不住？心情十分矛盾，事后十分难受”，并分享采取该行为之后带来的不良后果。待所有组员分享完毕后，社工将厌恶疗法的原理告诉组员，并发给组员每人一条橡皮筋戴在腕部，当犯毒瘾时立即用橡皮筋弹击皮肤，产生刺痛感。

在“比萨饼”（相互捏肩）环节中，为了让组员更加放松情绪、引导思考，组员围成一圈，依次为左手边的组员捏肩按摩，再转向另外一边为右手边的组员捏肩按摩，社工同时引导组员对上一环节活动进行思考。

最后社工带领组员简单回顾本节小组学习的内容，肯定组员在本节小组中好的表现，鼓励学员再接再厉。

4. 活动评估与成效

本节小组开始，社工带领组员一起回顾上一节的内容，通过共同回顾组员的姓名和活动的内容等，增进了组员与社工之间的凝聚力。热身游戏“解手链”带动了小组的气氛，我们的组员空间思维比较敏捷，很快就解开了手链，社工凭借对学员爱好的印象鼓励了学员。回忆分享环节中，组员经过上两节的交流，也很愿意与社工分享犯毒瘾时的情形，社工鼓励组员分享也是一种释放。学员在分享过程中容易出现离题状况，社工会澄清主题，引导组员回归，并及时肯定组员分享的正向行为。社工还鼓励组员出所后遇到类似情形时可采取曾经成功的行为手段。本次活动基本取得预期效果。

案例来源：广东省J社会工作服务中心

第三节　常用小组工作技巧

小组工作技巧是社会工作者为保障小组活动能够顺利进行所应具备的技能。因此，社工站社会工作者只有掌握了服务技巧，才能顺利地开展小组工作，促使小组成员自身发生改变。本节主要探讨以下几个方面的服务技巧。

一、撰写小组计划书的技巧

——紧扣小组目标。小组活动是实现小组目标的媒介工具，小组活动的每一环节都需要紧扣小组目标。例如，在小组工作初期，为了促进成员之间的相互熟悉，可以设置破冰游戏、自我介绍等活动。在设计小组活动方案时，应充分考虑活动是否紧扣目标，与目标的逻辑联系是否紧密，保持小组整体活动的一致性与连贯性。

——考虑成员的特征和个人能力。在设计小组活动时，社会工作者要充分考虑每位成员的生理心理、文化背景、习惯信仰等个体特征，了解把握组员的社会关系背景，以及过往的成长经历和主要问题。同时，考虑设计小组成员能够适应和参与进去的活动。

——考虑小组活动的基本要素。例如，开展活动所需的人力、物力、财力、场地等。同时，还要考虑开展小组活动过程中预计的困难和解决的措施方案。

——设置经验分享环节。小组活动的每一环节都尽量设置经验分享内容，并确保预留一定的时间让组员分享在本次小组活动中的感受以及总结取得的收获与成长。同时，小组分享环节也是社会工作者评估小组活动是否可以达到预期目标的方法之一。

二、小组工作的一般技巧

社会工作者作为开展、引导小组工作的执行者，应当具备以下基本技巧。

——建立关系的技巧。主要包括与救助小组成员建立良好关系，以及协助成员之间建立良好关系的技巧。

——观察、诊断的技巧。这个技巧可以全面、系统地观察个人、小组及其社会环境，可以帮助社会工作者准确界定救助对象的问题。

——组织的技巧。包括组成小组、维持小组、解散小组的技巧，以及组织活动的技巧。

——干预的技巧。当小组在开展过程中出现冲突、依赖、危机等事件时，社会工作者应具备适时地处理这些事件的技巧。

——领导的技巧。作为小组工作的领导者，社会工作者应具备领导的魅力与魄力，适当地运用专业权威控制和推进小组过程。

——参与的技巧。作为小组工作的引导者，社会工作者不但要具有组织策划小组活动的技巧，还应具备与小组成员一起参与活动又不被视为局外人的技巧。

——沟通的技巧。为了与小组成员、社区、机构、政府人员之间保持联系，从中起到桥梁和纽带的作用，社会工作者应具备沟通的技巧。

——整合运用资源的技巧。为实现小组工作目标，社会工作者应最大限度地链接、整合运用来自社区、社会机构、社会的各项资源。

——记录的技巧。社会工作者对于开展小组工作的整体过程应当完整地记录。

三、主持小组讨论的技巧

——开场介绍。讨论开始前，社会工作者应先运用破冰游戏来进行暖场，之后介绍自己以及小组成员之间相互认识。在此之后，社会工作者引出讨论的主题，告诉小组成员讨论规则，以便讨论能顺利进行。

——选择主题。社会工作者在选择讨论主题时，应注意小组目标、小组成员的能力以及小组发展的进程等因素。

——引领讨论。为使讨论可以顺利进行并达到预期效果，社会工作者应注意把握讨论进程，引导小组成员围绕主题讨论，不得偏离主题。为此，社会工作者需要具备以下技巧：了解的技巧、中立的技巧、澄清的技巧、中断的技巧、暗示的技巧、沉默的技巧。

——归纳总结。在讨论结束时，社会工作者要对本次讨论作出总结，阐述已经取得的或达成的结论，同时指出需要进一步讨论的问题。

四、控制小组的技巧

——通过小组规范控制小组的运作。通过小组规范的运用可以制约小组成员的行为符合小组的发展，确保小组的正常运转。小组规范可通过两种基本途径发展而来：一是在小组成员的互动中形成的规范；二是由社会工作者引入的规范，引入的规范应向小组成员示范，促使成员接受。

——通过角色、地位的合理分工控制小组的运作。地位是指小组成员在小组中的位置，角色则是人们对处在特定位置的成员的行为期待。为促使小组正常运作，应对小组成员的地位、角色进行恰当的分工，建立正式的控制体系。

——通过提升小组凝聚力控制小组的运作。通过规定小组规模，设立和调整小组目标，发展成员之间的信任感及对小组的责任心等，可以增强小组的凝聚力。①

第四节　如何做好小组工作记录

小组工作记录是评估小组工作成效的重要工具，是体现社会工作专业服务品质的依据，也是小组工作必不可少的步骤。

---

① 李迎生．社会工作概论[M]．2 版．北京：中国人民大学出版社，2010：236-239.

一、做好小组工作记录的重要性

社工站在开展小组工作后应当写好小组工作记录，因为小组工作记录不仅是评估的佐证，也是社会机构、督导者对服务品质把关的依据，更是进行专业反思、促进专业成长的有力支持。本节将主要围绕做好小组工作记录的基本原则、基本结构作简要阐述。

二、做好小组工作记录的注意事项

社会工作者要写好小组工作记录应注意以下几点：

一是记录小组关键事件，避免小组工作记录照搬小组计划书的流程。

二是记录小组目标的实现情况。尽量避免宽泛地阐述小组目标实现情况，社会工作者可以多阐述小组目标是通过什么途径达成的。例如，通过访谈、观察的方式，80%的组员在人际交往适应方面了解了沟通的技巧。

三是反思部分不仅需要记录好的或者不好的部分，而且要提出需改进的地方有哪些、有什么样的改善方法。可以从社会工作者的角色、任务定位以及技巧运用方面进行分析。例如，小组的氛围怎么样，社会工作者推动组员参与的程度如何，小组的冲突是什么，社会工作者是否顺利地解决了冲突，下次遇到冲突时如何解决，等等。

三、做好小组工作记录的基本原则

小组工作记录是对小组工作的总结，包含了小组工作目标和小组工作方法，呈现了小组工作结果。做好小组工作记录应注意如下原则。

（一）标题与内容相呼应

小组工作记录应该有好的主题。如“学校为本：青少年禁毒的社区教育服务记录”，读者能清楚地了解服务的对象、场域、方法、目标和策略。当然，服务记录内容应该与题目紧密相连，内容翔实完整。

（二）资料完整性和逻辑性

小组工作记录内容应完整，该有的内容不能缺失，不同部分的篇幅应合理。文本板块也应按照报告格式先后呈现，并隐含服务记录内容内部的逻辑。观点与资料呼应也是小组工作记录逻辑性的重要体现。

（三）风格朴实积极

小组工作记录是小组工作的总结内容，重在反映小组工作过程和社会事实。与文学作品和新闻报道不同，小组工作记录应体现社会工作的专业特性，论证全面，文风清雅，语言简朴，文字流畅，态度积极，让读者读后不仅对小组工作的核心信息有所了解，而且能得到良好的正面激励。

（四）保密原则

小组工作记录呈现小组活动的发展过程和整体情况。因此，在撰写小组工作记录时，应注重小组成员信息资料的保密化处理，保护小组成员的隐私，使其不受伤害，避免出现任何伦理错误。

附：小组工作计划书、小组工作单元（小节）计划书、小组工作过程记录表、小组工作评估总结报告①（见表 6-1 至表 6-4）。

表 6-1 小组工作计划书

<table>
<tr><td rowspan="5">基本信息</td><td>小组名称</td><td></td><td>编 号</td><td></td></tr>
<tr><td>服务对象</td><td></td><td>服务人数</td><td></td></tr>
<tr><td>日期/时间</td><td></td><td>地 点</td><td></td></tr>
<tr><td>小组性质</td><td colspan="3"></td></tr>
<tr><td>人员安排</td><td>（分工与职责）</td><td>单元（节）数</td><td>共____单元（节）</td></tr>
<tr><td>背景</td><td colspan="4">1. 需求调查
2. 问题分析
3. 政策依据
4. 服务方向</td></tr>
<tr><td>理论依据</td><td colspan="4">（阐述在小组工作中，运用了什么理论，以及理论在小组工作中是如何发挥作用的）</td></tr>
</table>

① 全国社会工作标准化技术委员会．社会工作方法 小组工作：MZ/T 095—2017［S/OL］．［2022-10-01］．http://www.gov.cn/xinwen/2018-01/16/content_5257155.htm.

续表

<table>
<tr><td>小组目标</td><td colspan="6"></td></tr>
<tr><td>招募方法</td><td colspan="6"></td></tr>
<tr><td rowspan="5">各单元（节）小组设计大纲</td><td>单元（节）次</td><td>单元（节）名称</td><td>单元（节）目标</td><td>主要活动内容</td><td>时间配置</td><td>人 力</td></tr>
<tr><td>1</td><td></td><td></td><td></td><td></td><td></td></tr>
<tr><td>2</td><td></td><td></td><td></td><td></td><td></td></tr>
<tr><td>3</td><td></td><td></td><td></td><td></td><td></td></tr>
<tr><td>……</td><td></td><td></td><td></td><td></td><td></td></tr>
<tr><td>预计困难与解决方法</td><td colspan="6"></td></tr>
<tr><td>小组评估</td><td colspan="6">（评估主体、评估对象、评估内容、评估方式等）</td></tr>
<tr><td rowspan="6">财务预算（元）</td><td>序号</td><td>项 目</td><td>单 价</td><td>数 量</td><td>小 计</td><td>经费来源</td></tr>
<tr><td>1</td><td></td><td></td><td></td><td></td><td></td></tr>
<tr><td>2</td><td></td><td></td><td></td><td></td><td></td></tr>
<tr><td>3</td><td></td><td></td><td></td><td></td><td></td></tr>
<tr><td>……</td><td></td><td></td><td></td><td></td><td></td></tr>
<tr><td colspan="2">申请经费总计</td><td></td><td colspan="3">备注：在“经费来源”一栏请填写相应代码：A. 机构；B. 用人单位；C. 其他（请说明）</td></tr>
<tr><td rowspan="3">审批签署</td><td colspan="2">社会工作者（签名）</td><td colspan="2"></td><td>日期</td><td></td></tr>
<tr><td colspan="2">督导者（签名）</td><td colspan="2"></td><td>日期</td><td></td></tr>
<tr><td colspan="2">中心/项目负责人（签名）</td><td colspan="2"></td><td>日期</td><td></td></tr>
</table>

表 6-2 小组工作单元（小节）计划书

<table>
<tr><td rowspan="3">基本信息</td><td colspan="2">小组名称</td><td></td><td>编 号</td><td colspan="2"></td></tr>
<tr><td colspan="2">单元（节）数</td><td>第______单元（节）</td><td>本单元（节）主题</td><td colspan="2"></td></tr>
<tr><td colspan="2">日期/时间</td><td></td><td>地 点</td><td colspan="2"></td></tr>
<tr><td>目标</td><td colspan="6"></td></tr>
<tr><td rowspan="6">流程</td><td>时长</td><td>名称</td><td>目标</td><td>内容及具体操作方式</td><td>所需物资</td><td>工作人员</td></tr>
<tr><td></td><td></td><td></td><td></td><td></td><td></td></tr>
<tr><td></td><td></td><td></td><td></td><td></td><td></td></tr>
<tr><td></td><td></td><td></td><td></td><td></td><td></td></tr>
<tr><td></td><td></td><td></td><td></td><td></td><td></td></tr>
<tr><td></td><td></td><td></td><td></td><td></td><td></td></tr>
<tr><td>预计困难与解决办法</td><td colspan="6"></td></tr>
<tr><td>督导意见</td><td colspan="6"></td></tr>
<tr><td rowspan="2">签名</td><td colspan="2">社会工作者（签名）</td><td></td><td>日期</td><td colspan="2"></td></tr>
<tr><td colspan="2">督导者（签名）</td><td></td><td>日期</td><td colspan="2"></td></tr>
</table>

表 6-3　小组工作过程记录表

<table>
<tr><td rowspan="5">基本信息</td><td>小组名称</td><td colspan="2"></td><td>编　号</td><td></td></tr>
<tr><td>日期/时间</td><td colspan="2"></td><td>地　点</td><td></td></tr>
<tr><td>社会工作者姓名</td><td colspan="2"></td><td>协助人员</td><td></td></tr>
<tr><td>出席人数</td><td colspan="2"></td><td>单元（节）数</td><td>第____单元（节）</td></tr>
<tr><td>小组性质</td><td colspan="4"></td></tr>
<tr><td rowspan="5">过程记录</td><td>时间段及环节</td><td>目的</td><td colspan="3">过程分析</td></tr>
<tr><td></td><td></td><td colspan="3"></td></tr>
<tr><td></td><td></td><td colspan="3"></td></tr>
<tr><td></td><td></td><td colspan="3"></td></tr>
<tr><td></td><td></td><td colspan="3"></td></tr>
<tr><td>小组成员反馈</td><td colspan="5">（可采用问卷等多种方法）</td></tr>
<tr><td>小组分析</td><td colspan="5">（包括小组沟通模式、气氛、规范、凝聚力、组员领导模式、决策、冲突等；小组活动内容、方式等；小组组员的参与、投入和其他表现等；工作人员态度、投入和专业性等各种表现）</td></tr>
<tr><td>目标达成情况</td><td colspan="5"></td></tr>
</table>

续表

<table>
<tr><td>工作反思</td><td colspan="4">（可从价值观、理论及技巧等方面进行专业反思）</td></tr>
<tr><td>下单元（节）跟进</td><td colspan="4">[在下一单元（节）中需要发扬或利用哪些优势，注意解决或跟进哪些问题，以及在专业价值观、理论、方法技巧、工作内容等方面作出哪些调整，在此处应予以简短说明；如果是最后一单元（节），此部分可省略]</td></tr>
<tr><td>督导意见</td><td colspan="4"></td></tr>
<tr><td rowspan="2">签名</td><td>社会工作者（签名）</td><td></td><td>日期</td><td></td></tr>
<tr><td>督导者（签名）</td><td></td><td>日期</td><td></td></tr>
</table>

表 6-4　小组工作评估总结报告

<table>
<tr><td rowspan="5">基本信息</td><td>小组名称</td><td colspan="5"></td><td colspan="3">编 号</td><td colspan="3"></td></tr>
<tr><td>服务对象</td><td colspan="5"></td><td colspan="3">服务人数</td><td colspan="3"></td></tr>
<tr><td>聚会地点</td><td colspan="5"></td><td colspan="3">社会工作者姓名</td><td colspan="3"></td></tr>
<tr><td>时 间</td><td colspan="5"></td><td colspan="3">单元（节）数</td><td colspan="3">共____单元（节）</td></tr>
<tr><td>小组性质</td><td colspan="11"></td></tr>
<tr><td rowspan="3">出席情况</td><td>（节）数
单元</td><td>1</td><td>2</td><td>3</td><td>4</td><td>5</td><td>6</td><td>7</td><td>8</td><td>9</td><td>……</td><td>平均值</td></tr>
<tr><td>出席人数</td><td></td><td></td><td></td><td></td><td></td><td></td><td></td><td></td><td></td><td></td><td></td></tr>
<tr><td>出席率</td><td></td><td></td><td></td><td></td><td></td><td></td><td></td><td></td><td></td><td></td><td></td></tr>
<tr><td>目标达成情况</td><td colspan="12"></td></tr>
<tr><td>参加者满意度分析</td><td colspan="12">（请根据小组满意度调查表总结此栏内容，需包含对活动内容/形式、时间、频次、地点、工作员态度/能力、自我参与程度等的满意程度）</td></tr>
<tr><td>小组分析</td><td colspan="12">[包括小组沟通模式、气氛、规范、凝聚力、组员领导模式、决策、冲突等；小组活动内容、方式等；小组组员的参与、投入和其他表现等；工作人员态度、投入和专业性等各种表现；工作员（或者说小组所在）的机构的人、财、物的投入等各种表现]</td></tr>
<tr><td>其他建议</td><td colspan="12">（如筹备策划、人员分工、资源动员与科学合理使用、专业性、本土化、知识建构、内容设计或其他方面的情况及建议等，请在此栏填写）</td></tr>
</table>

续表

<table>
<tr><td>工作反思</td><td colspan="4">（可从价值观、知识及技巧等方面进行专业反思）</td></tr>
<tr><td>跟进计划</td><td colspan="4">（追踪评估计划）</td></tr>
<tr><td>财务报告</td><td colspan="4">预算经费总计：________元
使用经费总计：________元
盈余/超支总计：________元
（附经费决算明细表）</td></tr>
<tr><td>督导意见</td><td colspan="4"></td></tr>
<tr><td rowspan="3">结束签署</td><td>社会工作者
（签名）</td><td></td><td>日期</td><td></td></tr>
<tr><td>督导者
（签名）</td><td></td><td>日期</td><td></td></tr>
<tr><td>中心/项目负责人
（签名）</td><td></td><td>日期</td><td></td></tr>
<tr><td colspan="5">注：请将评估工具（如评估问卷、评估量表、访谈提纲等）附后</td></tr>
</table>

第7章

常用社会救助社区工作方法

社区社会工作主要代表了两个层面的含义。其一，社区社会工作是社会工作的一个实务领域，即社会工作者针对某一个目标社区运用各种专业方法，如个案工作、小组工作、社区工作、社会工作行政、社会工作研究等提供多元化服务，提高居民社会意识，协助居民运用社区资源，解决社区问题。另外，社会工作者还协助社区居民建立友善邻里关系，鼓励互相照顾和关怀，满足社区需求，实现社区和谐。其二，社区社会工作是社会工作的一个专业方法，主要强调综合运用实践模式，通过科学的工作过程，采用系列专业技巧，处理社区问题和推进社区发展。[①] 2022 年 9 月，民政部、财政部、国家卫生健康委、全国老龄办等 10 部门联合印发《关于开展特殊困难老年人探访关爱服务的指导意见》，指出要创新社区、社会组织、社会工作者、社区志愿者、社会慈善资源“五社联动”机制，及时发现、有效防范、稳妥化解特殊困难老年人居家养老安全风险，守牢安全底线，保障特殊困难老年人基本养老服务需求。其中，就强调了社会工作者联动其他主体，在社区为以特殊困难老年人为代表的困难群体提供服务的内容和要求。

第一节 社区工作的基本原理

一、什么是社区

在我国古代汉语中，其实并不存在“社区”这一词汇。“社区”一词

① 全国社会工作者职业水平考试教材编委会．社会工作实务：中级[M]．10 版.北京：中国社会出版社，2021：340.

的由来，主要归功于费孝通先生。1948 年 10 月 16 日，费孝通在学术期刊《社会研究》中谈到了汉译词汇“社区”的形成过程。

社区是指由一定数量的居民组成、具有内在互动关系和文化维系力的地域性的生活共同体。地域、人口、组织结构和文化是社区构成的基本要素。这个定义具有以下 5 个特点：一是强调了居住在社区内的居民是社区人口的主体，这也是社区得以保持相对稳定的人力资源；二是强调居民之间在居住环境、卫生、文化活动、教育、治安和社区参与等方面的互动关系；三是强调了文化维系力的作用，即居民之间因相同的利益和社会分层而导致的对社区的认同感和归属感；四是强调了地域共同体和地缘关系的特征；五是明确指出了构成社区的四大要素。①

二、社区的类型

（一）地域型社区

1. 城市社区

相对人口密度低并以农业产业为主的农村社区，城市社区是一种经济规模大、人口密度高的非农产业活动在一定地域空间的集合形式。城市社区在地域特征上，主要体现为坐落于城市地表上；在人口特征上，表现为人口数量多、密度大，人口质量普遍高于农村社区，城市社区人口受教育程度高于农村社区，人口异质性强且差别性大；在社群和组织方面，城市社区的社群和组织是社区居民赖以实现人际社会交往的两类主要载体；在文化特征上，城市社区文化具有城市文化的一般特点，城市社区会因为人口构成的差异而形成不同的文化。

2. 农村社区

农村社区主要是指居民以农业生产活动为主要生活来源的地域性共同体或区域性社会。从地域特征来说，最能体现农村社区特征的，第一个是土地，是农村社区居民赖以生息繁衍的基本资源；第二个是地理位置，自然地理条件的优劣，制约着农村社区经济水平；第三个是地域范围，直接

---

① 徐永祥．社区工作［M］．北京：高等教育出版社，2004.

表现为社区规模的大小和容量。在人口特征上，农村社区人口数量和密度远低于城市社区，农村社区人口同质性高，人口流动性低，人际交往范围较小；在组织特征上，由于农村人口同质性高、流动性小，决定了农村社区的社会群体和组织数量与结构上的简单化；在文化特征上，农村社区的文化特征因为其特殊的条件，明显区别于城市社区，农村社区人们凭借传统的日常经验即可保持原有的生活方式，维护和延续传统的经验是农村社区文化的重要任务。

3. 集镇社区

集镇社区又称为城镇社区，是兼具农村社区和城市社区某些成分与特征的社区类型，是农村和城市互相影响的一个中介。费孝通认为，它是一种"比农村社区高一层级的社会实体的存在，这种社会实体是以一批并不从事农业生产劳动的人口为主体组成的社区。从地域、人口、经济、环境等因素看，它们既具有与农村社区相异的特点，又都与周围的农村保持着不可缺少的联系"。

（二）功能性社区

功能性社区的划分方法在第二次世界大战以后欧美一些学者以及当今我国部分学者中，都比较流行。这种方法的特点主要是注重或强调社区的某些功能性特征，如经济功能、社会功能、文化功能，并据此将社区划分为经济型社区、文化型社区、旅游型社区等。进一步细分，又可将经济型社区分为农业型社区、林业型社区、牧业型社区等，将旅游型社区细分为人文景观型社区、自然风光型社区等。

三、什么是社区工作

社区工作是以整个社区和社区中居民为服务对象，提供助人、利他服务的一种社会工作直接服务的基本专业方法。社区工作强调通过发动和组织社区居民参与集体行动，确定社区的问题与需求，动员社区资源，争取外力协助，有计划、有步骤地解决或预防社会问题，调整或改善社会关系，减少社会冲突，培养自助、互助及自决的精神，加强社区的凝聚力，培养社区居民的民主参与意识和能力，发掘并培养社区的领导人才，以提高社区的社会福利水平，促进社区的进步。①

第二节　常用社区工作模式

在社会救助的社区服务过程中，服务对象会有不同的需要，所以我们需要采用不同的模式来开展社区服务。本节将主要介绍在社会救助的社区服务中较为常用的地区发展模式、社会策划模式和社区照顾模式。

一、地区发展模式

地区发展或者说社区发展从概念上讲，既表示一种以地区为基础的经济、社会、文化等实质内容的发展；也表示为一种发展理念，强调当地居民的需求和当地的资源、环境和人口等协调、可持续发展；还表示为一种社会工作的介入手法，一种强调居民的参与、合作，集体组织起来控制、利用社区资源，解决社区问题，满足社区福利需求，增强社区凝聚力和归属感的社会工作手法。杰克·罗斯曼认为，地区发展模式是指假定社区的变迁，可以乐观地通过当地社区居民在有关社区发展的目标决定和行动中广泛参与来追求。作为社会工作的社区介入手法，强调的是民主程序、志愿合作、自我帮助、当地领袖的发展以及教育的目的性等。

地区发展模式适用的社会救助领域：一是灾害救助，如自然灾害救助中的受灾社区重建；二是贫困人口集中连片地区的贫困村脱贫致富。

① 全国社会工作者职业水平考试教材编委会．社会工作综合能力：中级［M］.10版.北京：中国社会出版社，2021：204-205.

案例分享

案例 7-1：

脱贫致富

安吉县是习近平总书记“绿水青山就是金山银山”理念的诞生地。浙江省安吉县以绿色发展为引领、以农业产业为支撑、以美丽乡村为依托，探索三产联动、城乡融合、农民富裕、生态和谐的科学发展道路，打通了绿水青山和金山银山的转化通道，打造了宜居、宜业、宜游的美丽安吉。2020 年，全县休闲农业与乡村旅游总产值达 46.6 亿元，游客接待 1056 万人次、营收 21.48 亿元。

首先，科学规划，创新休闲农业与乡村旅游的安吉模式。坚持一张蓝图绘到底，“统一规划，统一品牌，统一运营”。一是在精准规划上发力。安吉县编制了《安吉县休闲旅游业规划（2011—2020 年）》《安吉县休闲农业与乡村旅游规划》《安吉县乡村旅游发展专项规划》，初步形成三大中心、10 个聚集地的乡村休闲旅游格局，涌现出鲁家村“家庭农场+村+企业”、目莲坞“农户+村+企业”、刘家塘村“慢生活体验区”等创新模式。二是在精准管理上用力。率先出台《乡村民宿行业的服务质量通用要求》《安吉县农家乐服务质量通用要求》等地方标准，规范服务。因地制宜制定了《地方消防治安管理办法》，是农家乐（民宿）行业的消防治安规定制度性的突破。三是在精准扶持上聚力。每年投入超 3000 万元财政资金，支持乡村旅游基础设施建设、农家乐（民宿）提升、乡村人才引进等，其中对民宿村落项目按当年开业运营数给予所在乡镇（街道）50 万元/个的奖励。

其次，多业融合，夯实休闲农业与乡村旅游的产业基础。因地制宜赋能“休闲农业+”，推动乡村休闲旅游与农业产业交叉融合、互促互融。一是打造美丽乡村。深化“千万工程”，大力推进“三大革命”，实现全县美丽乡村建设全覆盖，打造县域大景区。二是厚植文化底蕴。注重农耕文明、田园风光、村落建筑、乡村生活等乡土元素保护，强化经营乡愁、经营文化理念，建立了 26 个村落文化博物馆，丰富乡村休闲旅游的内涵和人文体验。三是强化产业融合。依托农业产业资源和山水风光，延伸乡村旅游产业链，大力发展涵盖研学旅行、农事体验等的分享经济、体验经济，唱响“春赏花、夏嬉鱼、秋品果、冬食笋”的休闲农业四季歌。

最后，创新突破，充实休闲农业与乡村旅游的要素供给。加强政策引导，激发产业发展的内动力。一是创新要素供给。积极探索农村闲置农房（宅基地）流转、农业标准地等改革举措，在全国率先创新推出农业产业融合项目建设“标准地”以及农业标准地抵押贷款等举措，县内农业“标准地”实施主体整体授信额度达5亿元，有效解决了产业发展“用地难、贷款难”问题。二是加强人才保障。坚持实施人才储备培养计划，融合部门优势，加强校地合作，联合开展从业人员培训。组织大咖公开课，鼓励参加行业技能比赛，提升从业者的归属感和荣誉感。广招贤才，在各类公开招考中，设立旅游专业人才岗位；在休闲经济奖励政策中，开辟专项条款用以奖补旅游业人才。三是丰富载体建设。每年举办“过个安吉年”“畲村三月三”等系列特色乡村节庆活动，以“一乡一节”推动本地特色文化活动进入旅游市场。在原生态特色基础上，立足村情，推出乡村品质游内容。如报福镇以“福”文化为主题，在全镇各村打造“休闲报福”“山水统里”“民俗中张”等十大不同景致。

案例来源：勉县人民政府网站

二、社会策划模式

不论是大到国家的宏伟发展计划、社会问题的政策策划、地区重建规划、项目管理计划，还是小到家庭计划、个人发展计划等都可以体现理性和计划的理念。而社区工作就是围绕某个微型地理社区或功能社区而开展的服务工作，所以与社区工作相关的社会计划可能会应用在地区重建规划、社区问题的政策策划、社区服务的项目管理、社区居民组织的计划管理等方面。社会策划模式既是指一种社区、社会发展的发展策略，也是指具体的发展项目的策划管理。

社会策划模式适用的社会救助领域：乡村振兴。在贫困村走向乡村振兴示范村的过程中，需要调动专业人员和团队参与服务和治理。

案例分享

案例 7-2：

大陂流村

大陂流村位于湖南省泸溪县潭溪镇，共 4 个组，1600 余人，其中党员 35 人。近年来，村党支部以争创“五个好”党支部为目标，围绕“抓好党建促经济”的指导思想，不断加强基层组织建设，团结和带领广大村民大力调整产业结构，扎扎实实为群众办实事、办好事、谋发展，使全村连续多年保持了班子稳、人心齐、村内经济发展、村民安居乐业的良好局面，实现了“三个文明”建设的快速发展。

巧做“党建+生态”文章，农旅融合助推产业提质增效。大陂流村坚持生态优先绿色发展理念，突出特色、挖掘优势，高标准建成 800 亩双低优质油菜花观光基地、80 亩油葵网红打卡基地，发展休闲观光旅游，推动农旅融合。通过举办油菜花节、椪柑节等，搭建平台，带动花卉、苗木、土鸡蛋、蜂蜜等农土特产品年销售额达 20 万元以上。同时，挖掘发挥本村人才、技术、信息等优势，通过注册绿色商标、抖音直播带货和京东、淘宝等电商平台拓宽销售渠道，助推农产品走出大山，提升农村特色产品附加值。2021 年，电商平台的销售拉动村集体经济增收 5 万元。

“线上+线下”，既有实体店面又有网销平台。“前几年，我在广东佛山那边做淘宝服装销售，去年回家租了老村部楼一楼门面做电商，现在还开通了抖音直播带货，不仅能卖本地的土特产，还能宣传我们村。每到油菜花和油葵花开的时候，来打卡的人非常多。”在返乡创业青年向仁军的商店里，面对茶叶、腊肉、酸菜、米酒、蜂蜜、土鸡蛋等琳琅满目的农土特产，说起自己的销售经，向仁军的喜悦激动之情溢于言表。

在乡村振兴的路上，村美、民富、业兴的大陂流村生机蓬勃、活力四射，正奋力向“党建强、发展强”的双强村迈进。

案例来源：湘西土家族苗族自治州人民政府网站

三、社区照顾模式

社区照顾是指在社区内对那些身体和精神有照顾需要的人（如老人、儿童、弱能者和残障者），通过正式或非正式的社会服务系统给予援助性的服务与支持，为这些有需要的社会救助对象在家庭或者社区中提供全面照顾，促成其过上正常人生活的一种社区工作模式。社区照顾可以看作救助对象的社会服务网络，正式系统与非正式系统相互配合构成了救助对象的照顾支持网络。正规照顾一般是由政府或专业机构承担及提供的照顾性服务；非正规照顾主要指由家人、亲友、邻居及志愿者提供的无偿照顾。

社区照顾模式适用的社会救助领域：政府兜底保障的残疾人服务、困难老人服务、孤残儿童服务等。

案例分享

案例 7-3：

残疾人社区照顾

小王，读初中二年级，妈妈为智力残疾加视力残疾，未办理残疾证。社工在与村干部入村走访的时候听说这个家庭的特殊性，便去家庭访谈了解具体情况。社工了解到，小王一家的政策意识不强，一直没有办理残疾证，而政策规定没有残疾证的家庭成员可能被视为有正常劳动能力，在进行救助申请的时候是不能核减收入的，但实际上小王妈妈无劳动能力。所以，一方面，社工向小王一家宣传和科普救助政策，告诉小王爸爸："家里情况这么困难，你现在也快60岁了，如果不去办个残疾证的话，会算你们两个大人的收入，在低保核算的时候是不能减免的，申请低保救助就比较困难。"另一方面，帮助小王妈妈联系政府和残联进行反馈，并带着小王妈妈去办理残疾证。残疾证办理完成后，社工当月就协助他们申请了低保。

1. 链接志愿者改善居住环境

社工刚介入时，小王家里特别脏乱，父母的照顾能力和精力有限，小王很长一段时间都不洗澡，身上有异味。刚开始小王见到社工等陌生人来访就将房门关得死死的，一看到有人来就把窗帘拉上，一个人躲在黑黑的房间里。随着社工的定期探望和链接的志愿者经常去他家里帮忙打扫卫生，经过六七次服务后，社工尝试与小王交流，小王已愿意将窗帘拉开并打开门接待社工了。小王家的厨房还在堂屋里，社工通过链接资源帮助其稍微装修，与之前的厨房设施相比整体环境已经好了很多。社工也在准备继续为小王家联系资源，改善居住环境。通过链接一家爱心企业，给小王家送了两床被褥。小王家的床也比较破旧，社工正在继续链接资源为小王家捐赠两张床。

2. 邀请救助对象参与社区活动

社工在社区开展活动时也会邀请小王参加。2022 年暑假，社工将小王重点推荐到暖心社会工作服务中心举办的夏令营活动中（其他参与夏令营的孩子均为失母儿童）。10 天夏令营活动结束后，社工再次来到小王家中了解情况。小王见到社工后有说不完的话，向社工积极分享在夏令营发生的事情和自己的感悟与体验，并告诉社工："以后你们的活动我还要继续参加，我叫我爸爸来送我。"社工回应道："爸爸如果比较忙的话，也可以让你们家隔壁的叔叔送你，我已经和那个叔叔说好了，你需要的话去找他就行了。"小王爸爸说，通过社工的帮助，小王有很大改变，以前小王与他们以及社工都没法交流，现在可以正常交流了。

案例来源：湖南省宁乡市 J 镇社工站

第三节　常用社区工作技巧

了解社区服务存在的问题，掌握社区服务的技巧，才能更好地与服务对象建立专业关系，开展专业服务。接下来我们将进一步了解社区社会救助存在的问题，以及哪些专业技巧必不可少。

一、常见社区社会救助问题分析

（一）社会救助的管理协调能力有待提高

基层政府的内部分工不明确，责任主体不清晰，各部门之间缺乏制度化的沟通和协调，部门分割、多头管理，从而使社会管理的成本增加，管理效率大打折扣。政府各职能部门与政府派出机构之间缺乏有效的联动机制。在实际工作中，矛盾出现在乡街基层，而问题往往涉及政府职能部门，乡街无力单独解决。在面临群众大量利益诉求时，乡街社区只能向上级职能部门反映，无法直接解决实际问题，如遇到部门之间的推诿扯皮，必然导致越级上访，而最终责任大多又落在乡街社区。

（二）社会救助中公众参与社会管理的规范性不够

目前，只有少数基层政府部门推出听证会制度和公众满意度测评制度，还没有形成有效的公众参与机制，在与群众利益密切相关的重大决策制定、执行和评估过程中，公众参与还没有成为必经程序。公众参与的程序不规范，很多时候体现为一种动员性和配合性的参与，因而公众参与社会管理的积极性不高，作用也表现得有限。没有公众对政府部门管理工作的参与，政府的社会管理就可能是一厢情愿，有可能违背人民的本意，这也不符合善治的要求。

（三）关于社会救助的社会基本公共服务不足

虽然各级政府不断加大对社会事业的投入，社会服务获得了长足的发展，但是，与经济的发展水平和人民群众日趋多层次、多样化的物质文化需求相比，基本公共服务设施不完善、服务能力不足等问题仍然比较突出。很多基层社区在做工作时感觉困难，原因在于缺失资金支持。农村税费改革后，乡镇财力下降，“无钱办事”的矛盾日益突出。除此之外，农村的社区管理也存在问题：村委会干部知识更新不够，他们不懂得社区管理方法，没有掌握现代法律手段，解决问题的方法简单，特别是实行村民自治以来，一些村委会组织甚至由家族势力操纵，这在很大程度上影响了农村社区作用的发挥。

（四）社会事业组织发展有限，还不能有效承接政府转移出来的职能

社会组织和社区自治组织等社会事业组织直接承担着推进社会事业发展、提供社会服务的重要职能，但相对于我国企业组织运行机制改革和现代企业制度建立进度而言，各类社会事业组织还缺乏适当、有效的外部监管，内部运行机制的传统色彩也相当浓厚，人、财、物等资源的配置缺乏效率，不能适应快速推进社会事业发展的需求。

（五）社会救助事业发展缺乏专门人才

没有高水平的专门人才，社会事业的发展就会失去人力支持。与经济技术人才的培养相比，我国目前对于社会事业发展人才的培养有很多不足，存在专业设置不全、分类过粗、人才培养规模偏小、人才培养层次偏低、人才激励机制不足等问题。

（六）社会救助管理体制不健全

在社会服务和管理领域，需加速改革和完善社会事业发展模式，理顺政府、社会组织与公众之间的关系。政府需要进一步从一些传统的管理领域中撤退出来，将更多的领域交给社会去管理。①

二、常用社区工作技巧

（一）资源链接

1. 社区资源的含义和类型

社区资源是指可以被社区运用为社区居民服务的一切人力、物力、财力、组织和文化等资源。人力资源是指居民能够提供知识、技能、经验，或奉献自己的时间、体力，为其他社区居民服务，包括社区居委会成员、社区居民骨干、社区志愿者、居住在社区的知名人士等；物力资源是指社区内有助于开展社区服务的、能够促进社区发展的物质资源，包括室内外活动场地、设备、器材、工具等；财力资源是指可以用于开展社区服务的资金或活动收费等；组织资源是指可以推动社区服务和促进社区发展的各

---

① 全国社会工作者职业水平考试教材编委会．社会工作实务：中级［M］.10 版.北京：中国社会出版社，2021.

类组织或机构，包括基层政府、辖区内的企业事业单位、社会团体、各类互助性和互益性居民小组等；文化资源是指社区中既有的典籍、古迹、文物等文化遗产，以及民俗、艺术等其他有助于促进精神文明建设的文化活动。

2. 社会资源的链接方式

（1）资源整合。资源整合强调的是社区内各类组织在强调社会分工的同时，通过整合已有资源和争取更多资源，形成工作和功能上的互补与互依，达到共同的工作目标。

（2）资源共享。资源共享是指相邻社区都有资源，但资源的种类不同，如一个社区有丰富的场地资源，另一个社区有丰富的人力资源，为了改善社区的环境和促进社区的发展，相邻的社区通过共同合作的方式，各自获得自己的利益或达到自己的目的。

（3）资源流通。资源流通是指在社区服务过程中，社区社会工作者根据资源的不同特征配置资源，采取组织、培训、咨询、合作等不同方法进行弹性使用，以保障资源能够被有效地协调和使用，发挥资源的最大作用。

（二）推动居民参与

社区参与是指社区居民共同期望社区进步和发展，愿意投入思想、行为，投入个人有形或无形的资源，包括时间、金钱、劳力等，通过这种个人参与社区活动的过程，增强个人对社区的认同，而这种认同又能够转化为个人对社区环境的情感认知，继而形成对社区的归属感。可见，社区参与体现的是一种合作过程，通过社区居民的参与，分享决策权，同时必须对决策后的结果承担共同责任。

1. 社区参与的层次和形式

（1）告知。这是最低层次的参与，社区居民单方面获得上级对社区进行建设或改造的规划和信息，却没有任何机会改变既定规划。

（2）咨询。有关部门除了告诉基层社区、重要利益关系人和相关组织将要对社区建设或改造的规划和信息，还将考虑他们提出的意见。

（3）协商。社区进行建设和改造时，邀请受此影响的社区居民一起了解和讨论计划内容，推动居民成为决策过程中的一分子。

(4) 共同行动。社区建设或改造的规划由大家共同决策，并在决策过程中分配任务，让大家共同分担执行责任，形成分工与合作。

(5) 社区自治。这是最高层次的参与形式。社区自己决定什么是本社区重要的事务、何时去做等议题，并负责执行这些决策。

社区参与的层次越高，越能够充分反映社区居民的意见，能够符合社区的需求，也能够促进社区救助的开展。

2. 影响社区居民参与的因素分析

(1) 参与价值。居民参与的关键在于社区事务与他们的切身利益是否有密切关系，如果社区参与对其生活质量改善不大，居民就不会参与。

(2) 参与意愿。参与意愿受参与者的主观因素控制，通常是居民个人主观作出判断，决定参与并付出行动。但居民有时候也受客观环境的影响，如家人或朋友的赞成和支持，会推动居民有较高的意愿和动机参与社区事务。

(3) 参与能力。一是时间与金钱，二是知识与技巧。参与能力可能受这两个主要因素的影响。

3. 推动社区居民参与的策略

(1) 促进社区居民对参与价值的肯定。通过社区教育和社区宣传，唤醒居民对社区问题的关注，改变他们对社区的冷漠态度，增强其对参与成效的信心。

(2) 提升社区居民的参与意愿。一方面，充分考虑家人和亲友对参与意愿的正负影响，邀请和鼓励他们参与，或尽量减少其负面的影响；另一方面，考虑到居民参与意愿很大程度上取决于所参与的社区事务是否与他们的生活、利益密切相关，因此，社会工作者在选择工作的目标和方向时，最好能与居民的利益挂钩。

(3) 提高社区居民的参与能力。社会工作者可通过强调熟人参与、互相帮助、成功的先例分享以及主题培训等方式，多渠道提高居民参与社会救助服务的能力。

（三）居民能力建设

1. 认知和思维能力的培养

社区社会工作者一方面可通过反复练习的方法，让居民学习知识和技巧，使之逐步成为个人的尝试和习惯；另一方面可以通过思考能力的训练，将个人的感觉经验提升形成思维方式。此外，还可以通过鼓励居民不断发现，让居民学会总结经验和不断产生新体会。社区社会工作者可以经常使用案例阐释政策，或将资料简化为更容易记忆、顺口流畅的口号和歌曲来帮助社区居民掌握知识和资料。

2. 行为和技巧能力的培养

在社区教育过程中，居民骨干能力的培养是非常重要的。合格的居民骨干必须具备一些基本的能力，包括与基层居民沟通的技巧，善于表达对他人关怀和爱护，能理解文件和有关资料，懂得行政和会议技巧，拥有基层动员的能力，具有谈判、游说、协调公共关系及和大众传媒合作的能力等，而这些能力需要通过一系列的教育和训练获得。

（1）肯定模仿学习的重要性。社会工作者通常以身作则，示范待人接物的行为、态度和技巧，让居民骨干观察社会工作者和其他居民骨干的表现，自觉或不自觉地吸收知识、技巧和掌握工作程序。

（2）社会工作者可以采取个别训练和督导的方式，根据居民个体的水平和兴趣，设计训练内容。这类训练，一方面能够帮助居民个体掌握与人沟通的技巧和解决社区问题的能力；另一方面有助于发挥社会工作者的“影响力”，成为其他居民的“模范”，发动和带领更多的居民参与社区事务。

（3）社会工作者也可以采用示范、观看、心理预习、自我引导、复习等方法，帮助居民学习公开演讲、协商、游说等复杂技巧。例如在培训一群饱受建筑工地噪声骚扰的老年居民时，社会工作者一方面要事先告知居民协商谈判程序，协助居民代表撰写发言稿，介绍谈话的技巧；另一方面要带领居民进行总结，促进相互鼓励，帮助其他居民学习技巧，资料和录像可以作为教材。

3. 情感和价值观的培养

在任何一个社区中，居民对社区事务的参与态度都有所不同。社会工作者常常会遇到对社区不关心、态度冷漠的居民。这些居民对参与社区事务不关心甚至反感。社会工作者要从感受、兴趣、态度取向和价值观 4 个方面下功夫，改变他们对参与、社会正义、居民权益的感观和价值取向。

社会工作者要不断给居民灌输公民意识和价值观。这些价值观包括为他人着想、以公共利益为重、不损人利己、勇于承担责任等。培养价值观的方法有很多，例如领悟法、辩证法和理性分析法等。还可以通过“文明街道”“五好家庭”“文明村镇”等评选活动，宣传正面典范。

（四）建立社会支持网络

社区服务除了以社区问题为核心，通过过程模式分阶段循序渐进地介入并解决社区问题外，以社区中有困难或有需求的人群（包括社区中的独居老人、长期病患者、单亲家庭、智障人士等）为中心，建立网络化的社会支持，进行社会救助，也成为社区工作的主流方法。社会工作者需要为这些有困难或有需要的人联系他们的亲戚、朋友、邻居和志愿者，构筑起支持网络，解决其问题，满足其需求。

1. 个人网络

个人网络主要针对服务对象个人的人际关系以及其所置身的环境内具有发展潜力的成员，例如家庭成员、朋友、邻居或者其他服务的提供者（如家政服务员）等，通过建立联系和提高助人能力，让这些成员来协助服务对象。

2. 志愿者联系网络

志愿者联系网络用于社区中拥有极少个人联系网络的服务对象，将他们与可以提供帮助的志愿者建立联系（建议一对一的帮助关系），寻找社区内愿意成为志愿者的大学生、社区党员、单位职工，通过合理配置，让志愿者和服务对象建立联系，提供帮助和支持。

3. 互助网络

把具有同样问题，或具有相似兴趣、能力的人聚合在一起，帮助他们建立联系，促进他们互相帮助和互相支援。社会工作者为那些有相同问题的对象建立支持小组或互助小组，加强同伴间的支持，促进信息分享和经验交流，增强其解决问题的能力。

4. 邻里互助网络

社区社会工作者通过举办各种活动召集和推动邻里了解服务对象，强化邻里和服务对象之间的联系，发展互助性支持，有效提供互相帮助。

第四节　如何做好社区工作记录

社区工作记录是社区工作实务专业化的重要体现，是专业工作过程中必不可少的重要步骤。本节将讲述社区工作记录的重要性及注意事项，并附上几个重要的记录表供社会工作者参考。

一、社区工作记录的重要性

社区工作记录是社会工作者提供服务的记录痕迹，是社会工作者的工作范畴，是社会工作者成长的必经阶段，也是社会工作者的上级主管、主任、督导、评估专家检查、审核和评估服务成效的途径之一。

二、撰写社区工作记录的注意事项

撰写社区工作记录应注意以下几个方面：一是每个阶段均应有文字记录，可采用录音、录像等作为记录的辅助手段；二是应保证记录资料的真实性、完整性和全面性；三是应注意工作记录的保密范围、例外状况等原则性规定；四是记录应及时进行归档整理，妥善保存。

三、如何整理社区工作记录

在服务机构里，社区工作记录及相关资料通常都是统一管理的，要集中存放在机构的文件柜里。社会工作者在每次开始工作前领取社区工作记录文件夹，为服务对象提供服务后及时完成记录，而后存入文件夹归档保存。

社区工作记录表格不能随便散落在办公桌上，不能随便带出服务机构，他人也不能随便查阅文档记录，这些都是社区工作实务保护服务对象隐私的具体体现。此外，社区工作记录等资料存放的时限以及处理方式都必须符合保密原则，同时还要遵守相关规定。

附：社区工作预估表、社区工作服务协议、社区工作计划表、社区工作过程记录表、社区工作评估表（见表 7-1 至表 7-5）。

表 7-1 社区工作预估表

服务对象姓名		社区编号		社会工作者姓名	
一、背景资料					
（一）服务对象个人的生理、心理及社会等方面的资料					
（二）服务对象社会环境的微观、中观、宏观系统等资料					
（三）服务对象对自己及处境的感受、观念和看法					
二、服务对象问题及需要分析					
（一）以需求为导向，与服务对象讨论其需要、困境或问题					
（二）以资源为导向，识别服务对象及其所处环境中的资源、优势与障碍					
三、服务目标					
四、服务内容					
社会工作者（签名）		日期			
督导者（签名）		日期			
注：此表格请在社会工作者首次接触服务对象后 5 个工作日内完成					

表 7-2　社区工作服务协议

甲方（委托方）： 乙方（社会工作服务机构/社会工作者）： 在自愿、平等、协商一致的情况下，就甲方委托乙方提供社会工作社区服务事项订立本协议。 第一条 服务目的 …… 第二条 服务内容 …… 第三条 服务监督与评估 …… 第四条 附则 …… 甲方（盖章/签字）：　　　　乙方（盖章/签字）： 日期：　年　月　日　　　　日期：　年　月　日

表 7-3　社区工作计划表

<table>
<tr><th>服务对象姓名</th><th></th><th>社区编号</th><th></th><th>社会工作者姓名</th><th></th></tr>
<tr><td colspan="6">概述问题呈现及原因分析</td></tr>
<tr><td colspan="6"></td></tr>
<tr><td colspan="6">目的（与服务对象商议后制定）</td></tr>
<tr><td colspan="6"></td></tr>
<tr><td colspan="6">服务模式</td></tr>
<tr><td colspan="6"></td></tr>
<tr><td colspan="6">目标、介入策略、工作进度</td></tr>
<tr><td colspan="6"></td></tr>
<tr><td colspan="6">评估方法</td></tr>
<tr><td colspan="6"></td></tr>
<tr><td>社会工作者（签名）</td><td colspan="2"></td><td>日期</td><td colspan="2"></td></tr>
<tr><td>督导者（签名）</td><td colspan="2"></td><td>日期</td><td colspan="2"></td></tr>
</table>

表 7-4　社区工作过程记录表

服务对象姓名		社会工作者姓名	
日 期		地 点	
次数	第____次	时 段	
服务形式			
介入目标			
介入过程（概述）			
介入小结			
下次介入计划与建议			
督导者意见			
社会工作者（签名）		日期	
督导者（签名）		日期	

表 7-5 社区工作评估表

<table>
<tr><td>服务对象姓名</td><td></td><td>社区编码</td><td></td><td>社会工作者姓名</td><td></td></tr>
<tr><td>接案日期</td><td colspan="2"></td><td>结案日期</td><td colspan="2"></td></tr>
<tr><td colspan="6">以下内容由服务对象填写</td></tr>
<tr><td colspan="6">一、您接受了社会工作者的哪些服务</td></tr>
<tr><td colspan="6"></td></tr>
<tr><td colspan="6">二、接受了社会工作者的服务后，您应对困难、解决问题的能力是否获得提升</td></tr>
<tr><td colspan="6">□是　　说明：
□否</td></tr>
<tr><td colspan="6">三、您对社会工作者的表现满意吗（请在答案处打钩）</td></tr>
<tr><td colspan="6">非常满意　　满意　　一般　　不满意　　非常不满意</td></tr>
<tr><td colspan="6">四、接受本机构服务后，您的情况有否改善（请在答案处打钩）</td></tr>
<tr><td colspan="6">完全没有改善　　　　完全解决
1　2　3　4　5　6　7　8　9　10</td></tr>
<tr><td colspan="6">五、本服务结束之时，您与社会工作者商定的目标达成情况如何（请在答案处打钩）</td></tr>
<tr><td colspan="6">完全达成（　　）原因说明：
部分达成（　　）原因说明：
未能达成（　　）原因说明：</td></tr>
<tr><td colspan="6">六、其他评价及建议</td></tr>
<tr><td colspan="6"></td></tr>
<tr><td>服务对象（签名）</td><td colspan="2"></td><td colspan="2">日期</td><td></td></tr>
</table>

续表

<table>
<tr><th colspan="4">以下内容由社会工作者填写</th></tr>
<tr><td colspan="4">一、目标达成情况（重点描述服务对象转变，如情绪改善、行为改变及能力提升等）</td></tr>
<tr><td colspan="4"></td></tr>
<tr><td colspan="4">二、总结与反思</td></tr>
<tr><td colspan="4"></td></tr>
<tr><td>社会工作者（签名）</td><td></td><td>日期</td><td></td></tr>
<tr><th colspan="4">以下内容由督导者填写</th></tr>
<tr><td colspan="4">对服务评价</td></tr>
<tr><td colspan="4"></td></tr>
<tr><td colspan="4">社会工作者表现评价</td></tr>
<tr><td colspan="4"></td></tr>
<tr><td colspan="4">督导者建议</td></tr>
<tr><td colspan="4"></td></tr>
<tr><td>督导者（签名）</td><td></td><td>日期</td><td></td></tr>
</table>

第8章

如何应对社会救助伦理困境

第一节　社会工作者在社会救助中应遵循哪些伦理原则

在社会救助实际工作中，也许采取某种工作方式能够解决或缓解服务对象的困难，但是我们依然会有“这样做可以吗？”的困惑。这种在工作中发源于朴素道德观念的、让人自我怀疑的问题常被称作“伦理问题”。在实际生活中，我们一般把其分解为两个问题：什么是好的？什么是不好的？——这是关于“善”的问题。什么行为是正确的、该做的？什么是不该做的？——这是关于“正当”的问题。1979 年美国《社会工作百科全书》指出，社会工作伦理是社会工作依据其哲学信念与价值取向发展而来的一套伦理实施原则，以作为引导与限制助人活动或行为的依据。由此可以看出社会工作伦理问题在工作中的重要地位。

伦理规范了人与人之间的相互关系，工作专业伦理更是直接明确了一个人对另一个人所承担的义务，这些义务是基于工作开展主体之间的特定关系，或是基于其中一方自愿接受的特定角色。当某人成为一名专业的社会工作者时，尤其是当作为独立的工作者与服务对象发生了工作上的关系时，这名专业工作者就有了特殊的义务，应实施在专业伦理范围内被认为是正当的或对的行为。

当今社会工作伦理的实践多以美国学者拉尔夫·多戈夫（Ralph Dolgoff）等的著作《社会工作伦理：实务工作指南》为蓝本。在该著作中，多戈夫提出的“伦理抉择七原则”被学界认为观点成熟且具有相当的推广价值。多戈夫将伦理困境的抉择原则划分为 7 个层面，并按照类似于马斯洛需求理论的逻辑排列顺序进行了从最基础到拔高化的排列，分别是：

原则一：保护生命（生命至上原则）

毫无疑问，这是任何社会行动中最重要的基础原则，是一切行动的逻辑本源。社会救助由于其工作特殊性，必须牢牢把握这一“红线”。社会救助工作的缺位可能造成全国性的舆论事件。[①] 作为社会保障的底线，社会救助要保障社会成员最基本的权益。

原则二：平等与差别平等（平等对待）

在社会救助实际工作中，平等对待原则更多地集中体现于社会工作者本身的能动问题上。不可否认，在实际工作中，我们的工作进程和工作情绪会受到服务对象态度和行为的影响，因而不可避免地会有所好恶。但作为专业社会工作者，我们把握着资源链接与分配的主动权，这样的责任更要求我们秉持客观公正的态度。当我们按照自身情感去分配资源时，就违背了服务对象平等的原则，违背了社会工作伦理，也没能尊重资源提供者和服务对象。

原则三：自主与自由（服务对象自决）

社会工作的核心理念是“助人自助”，这意味着要尊重作为独立个体的服务对象，信任服务对象有自主决定的能力。只有真正给予服务对象自行决策、自行负责的空间，才能使服务对象在救助后走向自立。但同时，“社会工作者按照专业判断，认为当事人的行动或者可能采取的行动对自己或他人构成了严重的、可以预见的、近在咫尺的危险，可能会限制当事人的自决权”[②]。

原则四：最少伤害

社会救助工作是资源调配的工作，不可避免地会造成利益转移的情况。社会工作者要按照优先最大化服务对象利益，其次考虑他人利益，最后兼顾社会利益的顺序进行活动。当照顾服务对象利益会伤害他人利益或损害社会利益时，需要向相关专业人士进行咨询。如果无论如何都会影响

---

① 如贵州毕节留守儿童自杀事件和南京女童被饿死事件。

② 拉尔夫·多戈夫，弗兰克·M. 洛温伯格，唐纳·哈林顿．社会工作伦理：实务工作指南［M］.7版．北京：中国人民大学出版社，2005.

主体利益，那么应当在不违背公序良俗和不违反法律法规的背景下践行最小伤害原则。

原则五：生活质量

如果上文中的最少伤害原则是“安全网”，那么保障生活质量原则就是向上攀登的“梯子”，是使服务对象脱离需要社会救助的困境的方式。在社会救助工作中，保障生活质量的目标是让服务对象有基础自主脱离社会救助的范围，达到“雪中送炭”后“造血式”帮助的目的。我们开展社会救助的原因除了帮助危机困难中的服务对象，更是为了帮助他们追求更好的生活，这是社会救助工作的远期目标。

原则六：隐私和保密（保护隐私原则）

全面掌握信息是能不偏不倚解决服务对象问题的关键所在。那么想要服务对象完全信任我们，毫无保留地告诉我们关键信息，则需要付出卓绝的努力。除去确实能推动工作让服务对象放心之外，社会工作者能与服务对象建立信任关系也是关键一步。这种关系的建立不但能体现社会工作者所拥有的专业性，更能有效推动工作流程。反之，则会面临层层阻力，甚至导致工作者不被信任，工作无法开展。

原则七：真诚和毫无保留地公开信息

这是赢得服务对象信任、尊重服务对象自决、达成服务对象利益最大化目标的途径。持续性保持和服务对象的信息同步，能与服务对象有效建立健康的信息交流渠道，赢得服务对象信任。在全面收集信息的基础上，能为服务对象自决原则提供选择的活动空间，使服务对象自决真正落地。在服务对象自决的基础上，我们有理由相信服务对象能作出对自己最为有利的决定，实现服务对象利益最大化。

以上就是关于多戈夫社会工作伦理抉择在社会救助方面的展开。从第一条到第七条，重要性和基础性递减，越是前面的原则越具有保护的优先性，当多重困境对工作开展造成影响时，排列序号大的原则应该服从于小序号原则（见图 8-1）。在本章第二节中将对该原则的使用进行示范。

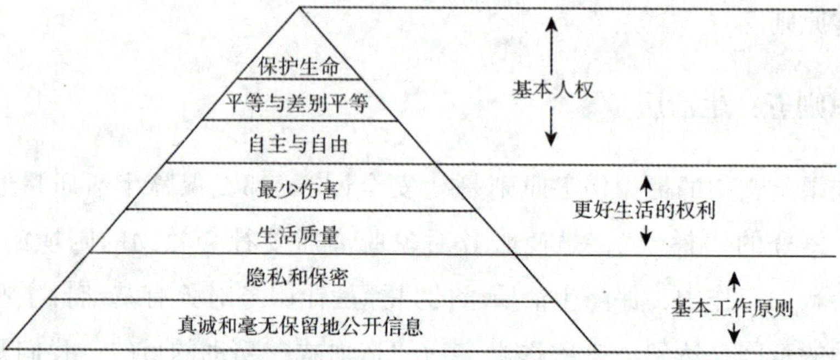

图 8-1　社会工作伦理抉择的一般原则①

第二节　社会工作者在社会救助中常见的伦理困境分析

任何社会工作理论都服务于社会工作的具体开展过程。在对工作案例进行总结后，我们发现以下几个问题在实际工作中常有发生：双重关系、服务对象自决、机构方与服务对象方利益分歧、保护隐私原则、服务对象的需求和制度规范出现冲突等。为了使一线社会工作者更好地理解实际工作中可能遇到的问题，在下文中我们将进行一些案例介绍与分析。

一、双重关系

双重关系是指社会工作者和服务对象在相同时段或者不同时段除了专业关系外，发展出的其他关系的情况。② 这是日常工作中最为常见的伦理困境之一。

---

① 赵芳．社会工作伦理：理论与实务［M］．北京：社会科学文献出版社，2016：182.

② 赵芳．社会工作专业伦理中双重关系的限制、困境及其选择：一项基于城乡社会工作者的实证研究［J］．中国社会工作研究，2013（10）：55.

案例分享

案例 8-1： 刚工作的小武第一次试着单独开展常规性救助服务工作。他的服务对象孙大爷是当地农村低保户，因为先天残疾打了一辈子光棍，无儿无女。因此，除了生活帮扶之外，社会工作组织还担心孙大爷会存在一些情感方面的问题。机构的负责人安排小武来负责这位服务对象，嘱咐他要多注意老人的精神健康。小武经常去老人家中看望，一方面看看老人最近的生活情况和身体状况，另一方面陪老人聊聊天、解解闷，有时候也会有意识地向老人介绍一些村里组织的老年人活动，鼓励他多去参加。时间一长，老人十分喜欢小武，甚至把他当成可以依赖的亲人看待。面对老人的热情，小武很感动，但同时也有些纠结，多次向老人说明他与老人之间只是工作关系，但老人依旧热情不减，特意邀请小武去他家做客。

小武此时感到很为难，他深知自己作为一名社会工作者，不应该同当事人产生除了工作关系以外的关系，而现在毫无疑问他们的关系正在向着朋友发展。最后，他婉言谢绝了老人，表示老人的好意他已经心领了，但他可能没有时间过去，他还有很多工作需要完成。老人因此有些难过，觉得小武在嫌弃他，不愿意和他相处。小武看出老人的沮丧，特意向老人说明他们之间确实只是工作关系，自己无法与老人建立别的关系，这是有违专业伦理的，而且自己这么做也是为了避免老人对社会工作者产生更深的依赖心理。同时，小武也向老人说明自己并没有嫌弃他，让他可以放心，自己今后还会像以前一样常常去他家看望他，陪他聊天。

案例来源：上海市 L 社工机构（访谈工作人员）

（一）案例分析

除了工作外与服务对象有交往会给社会工作者带来其他的与服务对象相关的身份（如上文的朋友关系），而这毫无疑问会在工作中影响社会工作者。所以，表示拒绝是正确的。

其依据主要有以下两点：第一，社会工作者不得利用与服务对象的专业关系，谋取私人利益或其他不当利益，损害服务对象的合法权益。第二，社会工作者不应该同当事人或前当事人保持双重或多重关系，以免有可能对当事人造成剥削或潜在的伤害。一旦避免不了双重或多重关系，社会工作者应该采取措施，保护当事人，并有责任设定清楚恰当的界限。①

日常生活中的小武和工作中的小武实际上并不是同一个身份：日常生活中的小武如果是自发行动帮助孤寡老人，那么接受来自被帮助对象的善意能获得心理幸福感并提高内生动力，是一个正向的循环；但当善意的来源是社会工作的职业时，资源的分配和行动的展开本质上都是职业要求所在，那么此时的老人感谢，在很大程度上是在感谢社会工作者的行动而非针对个人。作为专业的社会工作者，对社会救助对象的帮扶是政府政策与我们的工作职责所在。作为协调资源的专业工作人员，要明确意识到自己所带来的资源或帮助与自身并非绑定，只是实际救助过程中的协调者和调配者，所以这给我们提出了明确要求：把与服务对象的工作关系单纯化。社会工作者扮演着社会资源协调者和调配者的角色，我们的任何情感倾向都有可能直接影响资源调配衔接的效率，甚至可能因为主观的好恶直接影响资源分配的公平性。

在此概念下，小武应该清醒地认识自己的定位，万不可将老人对社会资源提供者的善意错置于自身，导致角色错位的结果。回到工作开展的问题上，从短期来看，接受服务对象的善意可能会帮助社会工作者更快速地与服务对象建立友善关系；但是从长远来看，老年服务对象可能无法分清专业关系与私人关系的差异，可能在私人时间以其他身份与社会工作者互动，或是以其他事务向社会工作者寻求帮助。到了这个阶段，拒绝会使得双方关系陷入紧张，未得到满足后影响更为严重，而同意又会使得情况进一步深化。因此，为了避免这种令人不快的情况出现，必须在双重关系可能发生的萌芽阶段就加以制止，保障社会工作者与服务对象关系的健康。所以，社会工作者必须明确个人定位和工作角色，避免多角度、多层次关系的产生，这有利于工作关系的纯粹化，也有利于社会工作者本人。另

① 拉尔夫·多戈夫，弗兰克·M. 洛温伯格，唐纳·哈林顿．社会工作伦理：实务工作指南[M]. 7版．北京：中国人民大学出版社，2005.

外，社会工作者如果有意识地允许服务对象把专业关系转化为朋友关系，乃至期望从中获得个人利益，那就是严重违背专业伦理的行为了。

（二）决策建议

与老人产生工作关系以外的关系可能有利于保护老人心理减少伤害（原则四：最少伤害）和提升老人的生活质量（原则五：生活质量），但可能导致在未来工作中由于主观因素而出现资源分配不公的问题（原则二：平等与差别平等）。所以，应当选择优先保障公平。

当遇到这种最为常见的伦理问题时，首先，社会工作者应该尽量寻求一种最易于理解和接受的办法，向服务对象表达自己所被要求的工作规范和服从该规范的意愿。其次，如果对方还是不愿意接受，可以向督导或负责人寻求帮助，同时注意保护服务对象隐私。当为了完成工作而无法避免双重关系时，要及时报备督导或机构。最后，在情况严重时应当申请更换工作人员对接。

二、服务对象自决

服务对象有自由选择与决定的权利和需要。因此，社会工作者应充分尊重服务对象，避免过度影响服务对象的决策。社会工作者可以和服务对象一同收集可能选择的所有信息，协助服务对象界定每个不同的选择，评估每个选择可能带来的后果，让服务对象做自由的选择。

案例分享

案例 8-2：社工站工作人员小张某天像往常一样去服务对象家探访，但在路上他发现了一名衣衫褴褛的流浪者。熟悉之后，流浪者表示自己是外省人，长期流浪各地，没有收入及住所。小张立刻明白这种流浪人员需要马上送往救助站，在救助站获得食物后返乡。但流浪者对这一建议表示抗拒，仍旧选择漂泊的生活方式。小张作为社工站工作人员无法强迫他，于是只能一而再、再而三地劝告流浪者。过了一个月后，流浪者终于同意在小张的帮助下去往救助站并回家。

但过了一段时间，小张又在路上遇见了流浪者。他向小张抱怨回到贵州后被安排进了一个乡村养老院，在那里吃不好睡不好，所以又重新开始了流浪生活。小张还注意到流浪者的小腿出现了肿胀并有流脓的现象，急需医疗救助。但流浪者不愿再听从小张的建议，也不想再交流，小张感到手足无措，不知道怎么办才好。

案例来源：长沙市 D 社工机构（访谈工作人员）

（一）案例分析

服务对象自决即“让服务对象自行决定”，它既是社会工作职业伦理“尊重服务对象权益”要求的体现，也是“助人自助”理念在具体伦理原则中的体现。服务对象自决要求社会工作者在服务中要尽量避免对服务对象决策的影响，这本身也是在践行价值中立的原则。

大多数情况下，社会工作者应鼓励服务对象自决，而不是替服务对象作决策，或对服务对象给出指令性建议。在本案例中，很显然，服务对象有腿伤而不接受治疗会伤害其身体健康，甚至直接威胁其生命安全；那么在此时，社会工作者是凭借自身的判断强行要求服务对象进行治疗，还是放任服务对象不去治疗呢？

需要社会救助的群体通常面临着各种迫切的问题，正是这些问题直接导致他们需要社会救助服务人员的帮助。在危机之中的服务对象很容易处于无法完全在理性情感下作出决策的状态，从而导致放弃自主决策，完全听从于社会救助人员。社会救助服务过程是一个以服务对象的独立意识为出发点从而确立行动的过程。在这一过程中，社会救助工作人员有责任和义务向服务对象提供全面且完善的参考信息，保证服务对象的知情权，协助服务对象能在对其处境知情且深思熟虑的情况下作出理性决定。完整的服务对象自决要求达到意愿和行动的统一。但在实际中也有情况使得社会工作者不得不考虑是否要坚持服务对象自决原则。例如，服务对象是阿尔茨海默病患者或小孩时，他们的决策在不同阶段会毫无理由地发生改变，根本就无法得到确定性。这时，社会工作者就要担起为服务对象获得最大化利益的责任，尝试为服务对象作出保障其利益的决策。

需要明确的一点是，社工站属于社会组织，所以并没有强制对流浪者采取行动的权力。这也就是现阶段流浪者或其他社会救助需要者救助执行的难点和痛点，救助对象可能并不愿意听从工作人员的劝告或接受工作人员的帮助。

（二）决策建议

流浪者可以以自身观念主导行动（原则三：自主与自由），但当情况可能威胁服务对象的生命安全（原则一：保护生命）时，应该以保护服务对象生命安全为第一原则。

社会工作者应为服务对象积极扩充抉择空间。为了达到这一目标，成熟的社会工作者必须充分全面认识理解可利用的各项社会保障制度，如协调沟通社区资源、理解福利政策等。在多数情况下，社会救助服务对象可能是第一次了解社会救助工作或是并不了解最新的社会救助政策，因此对选择认识不足，还是按照惯性思维提出最基本的要求。在这种情况下，社会救助服务人员要协助服务对象分析问题，同时链接资源，促进服务对象作出准确决策。

服务对象自决原则是社会工作“助人自助”理念的核心之一，社会工作者要尊重并相信服务对象的自我判断能力。但正如上文所提到的，可能某些特定群体并不能作出合理的分析判断，或者服务对象的选择威胁了身体健康，违背了“生命至上”的伦理原则，这时社会工作者就要根据实际情况作出符合服务对象利益的判断。

三、机构方与服务对象方利益分歧

社会工作者是机构宗旨的外延，不得不为工作单位考虑；但有时救助方的权益要求会与服务对象利益发生冲突，这会使得社会工作者在工作中面临两难的局面。

案例分享

案例 8-3：当前我国的老龄化日益加剧，随之引发了各种各样的问题。

农村地区的孤寡老人更是问题出现的多发人群，引起了社会多方力量的重视与关注。在此背景下，某地慈善机构针对经济落后的农村发起了关爱孤寡老人的行动，将名额下发至各个基层单位，让当地社工站社工与村委会商量后选出3个对口援助老人。

社工小李认为，这种慈善活动能很大程度上改善困难老年人的生活情况，于是他详细地对比了村内老年人情况，并最终推荐了3个最合适的老人到村委会。但负责的村干部却向他暗示了这一慈善活动的逻辑：慈善机构乐意帮助困难老人，但是如果村里能配合找出更容易体现“效果”的老人，那么当然更符合慈善机构的意愿，村里也有可能会在日后举办的其他慈善项目中获得更多的帮助。小李明白了村干部的意思，也察觉到了这其中所蕴含的“人情世故”。这一建议与困难老人实际情况的矛盾使得小李陷入了两难：按照自己的想法当然更符合老人的利益，但可能影响帮扶“效果”从而让机构为难，甚至往更深处去考虑的话，不听从村干部的意见可能会影响自己日后的工作；但如果不帮助实际上最困难的老人，那么也就使得自己的工作被外界所影响从而失去了公正性。

案例来源：长沙市C社工（访谈工作人员）

（一）案例分析

在案例中，可以明显地察觉到机构的需求和实际挑选老年人之间存在矛盾：站在机构的立场上，当然希望活动顺利开展和宣传时获得成功；而站在社会工作者的角度，则希望活动的开展确实能够帮助需要帮助的老人。矛盾扩展开来，实际上就是机构利益和服务对象利益的矛盾。作为实施政府财政购买服务的社会组织，社工站需要向政府负责，同时配合其他社会机构或政府相关部门开展工作，工作成效主要体现在工作量留痕和工作成果展示上。而实际工作中的服务对象情况复杂多变，如果工作人员只是为了使年终报告更好看，那么就有可能在实际工作中忽视特别需要帮助的对象而去寻求能“立竿见影”的服务对象。

社会工作专业服务并不是“药到病除”的“仙术”，工作成效需要经过较长一段时间才能更加凸显。当社会工作者采取服务对象利益优先原则，实施服务对象利益最大化服务方案时，通常意味着他们需要更多的资源支持和工作时间，从而使机构方陷入成果产出减少、工作成本上升等困境，会损害机构利益。

在案例中，村干部的意见明显违背了伦理原则中的平等对待原则。慈善机构很难了解到基层现实情况，因生理或心理问题而陷入困境的老人很少会被社区推荐。他们同样存在被帮扶的需求，但在实际操作中这些老人却因为种种原因为资源分配主体所忽视。社会工作者本来就致力于社会变革，目标是解决或改善社会不公正问题。在项目服务对象的筛选过程中，社会工作者应确保所有有需要的人都有平等的参与机会。

（二）决策建议

外在条件在理论上不应直接影响服务对象利益，有条件地挑选福利获得者违背了公平原则（原则二：平等与差别平等）。但这一问题牵扯复杂，多方主体利益交织。所以，社会工作者在保障服务对象平等利益的同时还应兼顾多方利益，在各主体间维持平衡（原则四：最少伤害）。

社会工作者应加强对此类问题的重视，做好沟通工作，在遵循公正原则和平等原则的基础上保障服务对象的利益最大化。从案例中可以看出，选择对各主体伤害最少而服务对象利益最大化的方案有助于社会工作者主导促进各方相互理解，并且有助于提高服务质量。所以，案例中社会工作者在矛盾出现后应第一时间在村干部和服务对象之间进行协调，让村干部能理解其他困难老人的处境。可以进一步改进的地方是，社会组织在开展活动前应做好沟通工作，这样可以避免矛盾发生。

四、保护隐私原则

能否保护服务对象隐私直接决定了服务对象是否还会信任社会工作者，这对友善关系的建立乃至工作的顺利开展意义重大。

案例分享

案例 8-4：王阿姨是长期居住在社工小项负责社区的老人。同社区的老人都觉得王阿姨这人不太开朗，平常不和他们打牌聊天，总是独来独往。经过一段时间的沟通交流，面对小项，王阿姨的话逐渐多了起来，有一天半是自言自语半是倾诉地说儿子在外地上班，儿媳妇对她不好，经常骂她、大声吼她，甚至不给她饭吃。小项听到这个事情非常吃惊，马上向她进一步了解详细情况。但也许是小项表现得太过惊讶，王阿姨马上岔开话题说没有这回事，都是自己瞎说的。

王阿姨的“讳疾忌医”让小项不知道该如何妥善处理这件事情。又由于社会工作的保护隐私原则，他不方便向他人透露，这样棘手又急迫的情况令小项非常苦恼。

案例来源：长沙市H社工机构（访谈工作人员）

（一）案例分析

如果王阿姨儿媳妇的行为确实如王阿姨所说，那么社会工作者必须认真考虑是否需要强制介入。我国刑法第二百六十条第一款、第二款规定：“虐待家庭成员，情节恶劣的，处二年以下有期徒刑、拘役或者管制。犯前款罪，致使被害人重伤、死亡的，处二年以上七年以下有期徒刑。”

最为常见的伦理问题之一是服务对象隐私问题。“保密意味着社会工作者在没有得到当事人许可的情况下，不会向任何人披露从他那里获得的资料。”① 保密是社会工作者必须遵守的保护服务对象身份和信息安全的伦理责任，保护隐私原则要求社会工作者采用各种手段保护服务对象的隐私，并降低隐私泄露的风险。如果不能让服务对象相信社会工作者能完全保护好他们的隐私，那么可能就会直接影响服务对象对社会工作人员的态度。

在中国，“家丑不可外扬”的传统观念仍被部分社会成员所奉行，服务对象对待社会工作者的坦诚尤其值得尊重与重视。如果社会工作者不注意保密，很可能会造成服务对象丧失对社会工作者的信任，直接导致服务

① 拉尔夫·多戈夫，弗兰克·M. 洛温伯格，唐纳·哈林顿．社会工作伦理：实务工作指南[M].7版．北京：中国人民大学出版社，2005.

的终结；同时，原本需要帮助的人也可能因为“前车之鉴”不再愿意寻求帮助。可见，隐私问题的保护失效可能带来的影响意义相当深远。

社会工作者在正式开展服务之前，即在与服务对象建立专业关系时，便会向服务对象说明保护隐私原则。对于他们自身的隐私信息，社会工作者会为其保密，不会轻易泄露；即便在与同事或督导交流时，也会对其进行匿名化处理。但在实际工作中保密不是绝对的，社会工作者在特殊情况下可以打破保护隐私原则。民政部《社会工作者职业道德指引》第八条规定：“社会工作者应在不违反法律、不妨碍他人正当权益的前提下，保护服务对象的隐私，对在服务过程中获取的信息资料予以保密。”《美国社会工作者协会伦理守则》指出，“当披露资料可以防止给当事人或其他可以确定的人造成严重的、可以预见的、近在咫尺的伤害时，社会工作者可以打破保密限制”。

打破保护隐私原则的限制条件包括以下几款：

- 隐私权为服务对象所有，服务对象有权亲自或通过监护人或法律代表而决定放弃，当放弃实施时；
- 涉及有紧急的危险性，基于保护服务对象本人或其他第三者合法权益时；
- 负有警告责任时；
- 负有法律规定相关报告责任时；
- 服务对象有致命危险的传染疾病时；
- 评估服务对象有自杀危险需要进行危机干预时；
- 服务对象涉及刑事案件时。

(二) 决策建议

王阿姨的意思是不想多谈及此事（原则六：隐私和保密），但如果情况属实，这种情况显然对服务对象造成了实际伤害（原则四：最少伤害），甚至对王阿姨个人身体健康造成影响（原则一：保护生命）。所以，应考虑是否坚持保密原则。

在采取行动之前，有两个问题需要明确：首先，严重的老人虐待在我国属于违法犯罪行为，它已经突破了保护隐私原则的界限。如果情况属实，那么社会工作者理应强制介入。其次，贸然展开行动可能造成意想不到的后果。家庭中的任何关系或事件都不能孤立看待，家庭成员因为长期相处，其中的情感或关系绝非外人几日便可熟悉。同时，这是来自老人的一家之言，对于事情真相的把控还需要进一步了解。

在见到王阿姨儿媳妇以后，社会工作者通过询问生活状况、工作等拉近了与她的关系，通过有专业技巧的提问与旁敲侧击，小项逐渐知晓了她的情况。因为丈夫长期外出，王阿姨的儿媳妇独自在家照顾老人小孩，同时还要工作，压力过大，分身乏术，这才导致了情绪激动。所谓的不给饭吃，也纯粹只是因为自己倒班加接送孩子，确实来不及赶回家做饭。在社会工作者的牵线下，双方终于能坐在一起面对面沟通，冰释前嫌。我们的工作是为了未来服务的，只要儿媳妇能意识到问题所在，王阿姨能和儿媳妇正常健康地沟通，家庭关系能从此走向健康，就足以让人满意了。

五、服务对象的需求和制度规范出现冲突

救助制度是救助服务开展的标准，也是对于工作人员的一种保护。但制度是固定的，而现实是复杂多样的，如何平衡体现的是社会工作者的工作价值。

案例分享

案例 8–5：社工刘姐最近遇上了不少烦心事，主要是在开展新一轮低保登记时遇到了两个问题。A 大爷家之前家庭状况还算不错，儿子在工地开挖掘机，一个月有万余元收入，自己平常种菜养猪，日子还算宽裕。可好景不长，儿子在一次意外中受伤在家养病，老婆又是个药罐子没有劳动能力，全家的担子都压在了他一人身上。A 大爷只能在务农的同时打零工维持一家的生计，日子过得捉襟见肘。刘姐和村里人都熟悉，对 A 大爷家的情况也颇为了解，萌生了想帮他申请低保的念头。但是问题在于，A 大爷的儿子买过一辆二手车，虽然现在只是辆仅值几千块钱的老破车，但是 A 大爷平常需要这个代步工具进城卖菜或者买生活物资。低保申请表中对

“家里有机动车”的一票否决，导致A大爷一直没能办上低保。

与之相对应的是B大爷，女儿嫁到外地后回来得少，嫁去时婆家条件也不好。老两口在家务农，一年到头挣不到几个钱，早早地就评上了村里的低保户。但最近女儿家挣了钱，常常给家里寄钱；B大爷家也被征收了田地，有了一笔不菲的收入；自己又到村小学当保安，每月也都有报酬。最近B大爷家里开始建新房了，民政专员和刘姐一商量，该取消B大爷家的低保了。可是消息刚一通知，B大爷立马来办公室诉苦了，说自己之前日子过得不易，又说房子是借钱盖的，总之就是绝对不同意自己被取消低保。

一个是需要低保但被硬性条件卡住不能申请，一个按事实情况不能享受低保却又领着低保，这令基层工作经验丰富的刘姐也感到难办。她感慨，有时候规范能杜绝走后门的现象，但是也难免造成“误伤”呀！

案例来源：长沙市M镇社工机构

（一）案例分析

随着评选流程的逐步规范化，“拉关系”“走后门”的现象不再常见，标准化测量方法的运用越来越普遍，但是制度条款的固化可能也会导致应保未保的情况。在案例中，低保的规范让社会工作者刘姐感到为难，主要伦理难题是维护服务对象利益与维护法律政策之间的冲突。正如案例中“低保申请表”等程序所示，作为基层社会工作者，其专业工作应在国家的法律、法规与政策的框架下开展，这是由社会工作维护社会秩序的社会功能所决定的；同时，社会工作在解决社会问题的过程中间接起到了社会管理的作用，这也是社会工作者执行社会政策、传递社会福利服务的重要体现。在案例中，刘姐核实A大爷家庭情况并为其申请低保，体现了社会工作者以服务对象利益为中心的专业伦理。但是服务对象利益和政策现状对于社会工作者实际工作开展的要求并不总是一致的，社会政策的变革常常会落后于社会事实，这也为社会工作者作为专业人员发挥能动价值提供了空间。所以在实务中，社会工作者难以避免地会面临维护服务对象利益与执行现行政策之间的冲突。

而社会工作对于社会同样有着伦理责任，要致力于不断推动社会变革、不断促进社会福利的进步。作为政策影响者，社会工作者可以而且应该影响社会政策，使其更加完善，而不是一味地固守政策、忽视困难群众的真正利益。如案例中的低保申请一事，社会工作者可以联合民政专员，综合比对A大爷与B大爷家庭情况并将特殊情况反馈上级部门，在为服务对象争取正当权益的同时改善政策的相关评定部分。在这时，专业的社会工作者应该发挥主观能动性，详细记录客观情况，秉持唯实的态度解决问题。

（二）决策建议

刘姐的解决办法值得借鉴。作为经验丰富的一线社会工作者，她迅速明确了开展工作的思路和流程：A大爷属于特殊情况，在明确把握相关政策和了解现实情况的基础上，刘姐和当地民政专员共同撰写了详尽的报告并上交给了县民政部门。经过县、乡镇、村三级的实地访谈，特事特办，为A大爷开辟了绿色通道。经过刘姐的不懈努力，终于为A大爷落实了低保政策。

在取消B大爷的低保问题上，B大爷不依不饶，甚至放言要去上访。刘姐请示了当地民政干部，还是决定要按照规定办事。在每次B大爷来办公室诉苦时，刘姐总是苦口婆心地一边给他讲解最新政策，一边分析他现在的情况。在数次不厌其烦的讲解后，B大爷自知不占理，默认了自己确实不应该再拿低保的事实。

第三节　社会救助工作面临伦理困境时的决策建议

从上文的案例分享中可以看出，实际工作中可能遇到的问题或困境是错综复杂的。这时，应以上文中提到的原则序列为解决思路，将事实总结为原则中的概念，再按照先后顺序排列，最终得出结论。这是直接可行的解决办法。

除此之外，中国社会文化的特殊性也要求我们，要根据实际情况以“人在情境中”的认识去行动。

从案例8-1中，我们应该认识到，中国是一个有着悠久历史文化的国家，“人情往来”是一个重要的传统。假设对方是年轻人，我们尚且可以用专业守则说服他们。但是对于某些老年人来说，这可能会让他们误以为我们不愿接受他们的好意，从而与工作人员产生隔阂。因此，接受一点儿类似于几个苹果、一些自家种的菜的善意是有利于工作开展的，但同时也要注意与同事共享，或以其他方式淡化个人关系的成分，在保障工作的前提下尽可能遵守原则。这启示我们对于制度性要求不能盲从，要根据现实情况量体裁衣。

在案例 8-2 中，小张最终也没有强行要求流浪者回家，他通过链接社会医疗资源帮助服务对象解决了腿部生病的问题，还在日后帮助服务对象申请了低保，成为所在机构社会救助工作的成功案例。现在服务对象还是在固定的地方流浪，对救助工作人员也有了更友善亲切的态度。可能我们的行动不是想象中的那么客观，但是我们的热心会影响服务对象的自决心态。我们要时刻铭记自己的专业要求，以明确规定为行为准则。

在案例 8-3 中，我们能见微知著，机构的诉求和服务对象的情况经常出现差异，将社会工作者置于抉择两难的境地。在实际工作中，我们应尽力寻求双方共同利益最大化的解决方案，只顾机构利益会损害服务对象的权益，而针对某一服务对象消耗人多资源，则会对其他服务对象和机构产生不利的影响。如何把握好选择的“度”，需要长期摸索与总结。

案例 8-4 提醒我们，“人”是一切工作的目的而非手段。单个主体信息的客观性可能需要进一步验证，如果强行按照规定去举报儿媳妇，不论结果如何，导致家庭产生裂痕是必然的，甚至会直接导致关系破裂。这提醒我们，一线社会工作者在作出行动决策之前，必须慎重考虑可能带来的后果。

案例 8-5 提醒我们，社会政策的发展是一个不断上升、不断完善的过程，常常体现为阶段性；而社会事实的变化则时时刻刻都在发生，相对体现出持续性的特点。在服务对象和相关政策之间，社会工作者应起到桥梁作用，在资源输送中作为链接者。这对社会工作者提出了 3 个方面的要求：一是熟悉相关政策，善于链接利用多方资源；二是恪守专业伦理，切实站在服务对象角度考虑问题，尽可能做到服务对象利益最大化；三是深化能动意识，增强主观能动性，为政策发展广泛提供现实依据。

附 录

社工站社会救助工作服务案例

附录 A：社会救助个案工作案例

乡镇社工站与医院社工部
联动介入高压电击重残儿童服务

一、背景介绍

2021 年，湖南省民政厅与湖南省卫健委就发挥基层社工站社会工作者和医院医务社会工作者在服务全省儿童健康咨询与医疗救治领域的专业优势达成联动共识，在湖南省儿童医院启动“湖南省基层社工站儿童健康服务和慈善医疗救助直通车”项目。项目首批试点覆盖长沙、邵阳、岳阳、娄底 4 个市 10 个县区。湖南省儿童医院社工部指派慈善社工专干及社工实习生负责救助直通车项目的运行与服务。该项目有效构建了“基层社工站+医院社工部”与“医疗服务+社工服务”的双主体联动“全程”服务模式。

2022 年 4 月 5 日，湖南省儿童医院收治了一名被高压电严重烧伤的 8 岁儿童小献。小献是邵阳市 D 县人，父母于 2021 年底离异，父亲是一名驾校教练，哥哥 12 岁正在上初一，母亲离家后，由父亲的新任女友照顾兄弟俩（小献的家庭结构见图 A1）。4 月 4 日，小献在其家附近的一家废弃工厂与同伴玩耍时，误碰高压电线瞬间被严重烧伤。经省儿童医院重症医学科医生诊断为全身多处电烧伤，面颈部肿胀明显，双手部分手指碳化，左前臂可见Ⅱ~Ⅲ度烧伤创面，可见开放性伤口，肌外露，胸膜部可见Ⅲ度烧伤创面，腹部可见开放性伤口。4 月 7 日，手术后右臂截肢。在小献住院的同时，医院社工部经商讨指派拥有丰富儿童服务经验的湖南师范大学社会工作专业研究生小宋进驻医院，在省儿童医院社工部带教老师的指导下，以医务社工实习生的身份进驻重症医学科一病区为小献提供全程医务社会工作服务。在小献住院期间，社工小宋主要依托“救助直通车”项目平台为小献提供了3个多月的服务。一方面，整合医院相关资源，为小献提供住院适应性服务和链接医疗救助资源；另一方面，联动邵阳市D县基层社工站谢社工和张社工面向家庭提供在地化的关爱支持服务。

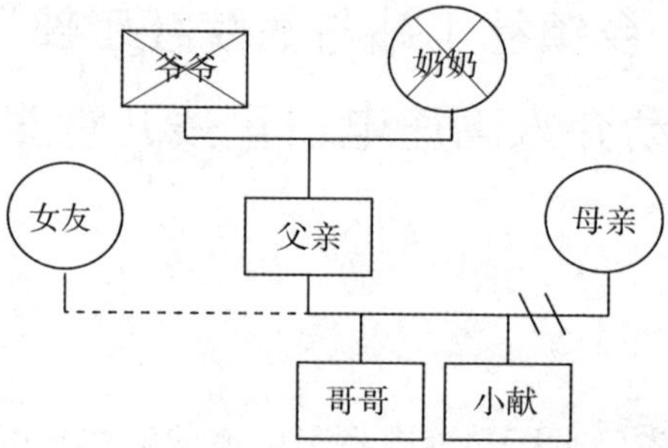

图 A1　小献的家庭结构图

二、分析预估

本案例中，小献的需求分析主要分为住院治疗期间和出院在家康复期间两个阶段，根据小献需求的动态变化进行实时的预估分析并制定介入策略。

（一）需求评估

1. 救治费用筹措需求

小献的父亲是一名驾校教练，年收入3万~5万元，是家里的主要经济来源。2021年，小献的爷爷、奶奶确诊癌症晚期，疾病治疗及后事料理导致家中负债20万元。小献入院4天已花费15万余元，通过向亲友筹款得以缴付。经医生评估，小献的总治疗费用及康复费用约需100万元，其家庭无力承担巨额费用。

2. 父子心理压力疏解需求

一方面，小献的右臂已截肢，每周需要进行植皮手术和抗感染治疗，生理疼痛和频繁手术导致其情绪低落。同时，残疾给小献带来严重的心理打击，出现低自尊、焦虑和自我认同感低的心理状态。另一方面，小献的父亲面临高额手术费筹集的经济压力，以及如何接纳孩子已残疾并为其提供支持的心理困境。

3. 教育与社会融入需求

小献目前右臂已截肢，左手只剩下大拇指且手腕变形严重。小献及其父亲都有希望小献未来能重返校园的愿望和需求，但小献目前的身体状况难以马上回归校园继续学习。另外，小献想融入同辈群体，但又不敢融入，存在社区融入的需求。

（二）理论基础——兼用危机介入与任务中心模式

危机介入模式主要围绕服务对象的危机和困境开展调适和治疗工作，目的是在有限的时间内快速、有效地协助服务对象摆脱困境。及时介入、限定目标、输入希望、提供支持、恢复自尊和培养自主能力是危机介入模式的六大基本原则。任务中心模式是把服务介入的焦点集中在为服务对象提供简要有效的服务上，希望帮助服务对象在有限的时间内实现所选定的明确目标。任务即服务对象为解决问题需要做的工作，是服务介入的核心。解决问题是目标，任务是实现解决问题的手段。任务中心模式强调发挥服务对象的自主性和能动性，在服务介入过程中，社会工作者要尽可能发挥服务对象的自身潜能，提高其解决问题的能力。

本案例中，在小献住院治疗期间，医务社工主要是运用危机介入模式及时介入，评估了解小献面临的经济危机与心理危机，通过资源链接、情绪疏导和行为训练等化解危机和困境。小献在家康复期间，乡镇社工主要是基于任务中心模式关注服务对象的家庭系统，与小献及其父亲沟通，将返家后面临的问题按照解决的难易程度进行排序，分阶段解决各种问题，并在整个服务过程中注重小献的自我能动性开发和自我效能感提升。

三、服务计划

（一）服务目标

小献在院治疗期间，服务目标主要集中在链接慈善救助资源、提高治疗依从性和引导小献自我接纳等方面。一是帮助小献链接慈善公益资源，减轻医疗经济压力；二是缓解小献的恐惧和焦虑等消极情绪，积极配合治疗；三是鼓励、引导小献进行脚部训练，提升自我效能感。

小献在家康复期间，服务目标主要集中在保障其基本生活需求、心理疏导和社会融入方面。一是协助小献的家庭申请低保，保障其基本生活；二是通过入户探访和情绪疏导促进小献适应与融入社会。

（二）服务策略及程序

乡镇社工站与医院社工部联动介入小献的“全人+全程”服务主要分为两个部分：第一部分是在院治疗期间，主要由医务社工动员公益救助资源，为小献提供心理疏导和自我效能提升服务；乡镇社工协助为小献提供医疗救助所需的在地支持服务。第二部分是在家康复期间，主要由乡镇社工根据问题解决的难易程度进行排序，与小献及其父亲商讨，确定优先解决的问题，为其提供低保申请、自我效能提升和社会融入服务。同时，积极发挥乡镇社工与医务社工联动的专业作用，共同为小献进行心理建设，为其社会融入奠定基础（见图 A2）。

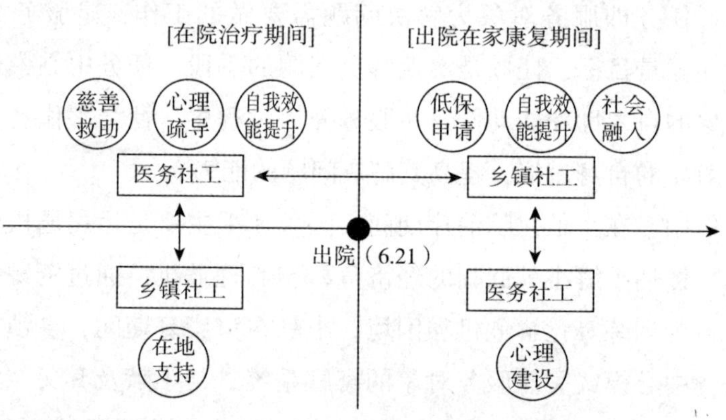

图 A2　医务社工与乡镇社工联动服务程序图

四、服务实施过程

（一）在院治疗期间的社会工作服务

1. 链接公益救助资源，缓解经济压力

100 万元的治疗费用对于已负债的家庭来说，实在是难以承受。在此情况下，省儿童医院医务社工协助小献的父亲再度发起“水滴筹”网络筹款，帮助其提交“千家爱孤残儿童救助项目”和“上海天使宝贝意外伤害公益”申请资料，同时帮助小献的父亲联系中华少年儿童慈善基金会“9958”项目申请紧急救助。此外，经征得家长及医院同意，社工部链接新闻媒体对服务对象的困境进行宣传报道，引起社会各界爱心人士的关注，纷纷施以援手。截至4月28日，第一阶段筹集的医疗救助款已达53万余元，极大地减轻了服务对象的医疗经济负担。

2. 开展病房陪伴和术前心理疏导，缓解心理压力

自5月13日第二次手术后，小献几乎每隔一周就要进行一次手术。频繁的手术使小献的恐惧、紧张和焦虑情绪十分严重，在手术前经常会哭闹、发脾气，不愿意配合治疗。对此，医务社工主要从三个方面缓解小献的术前心理压力：一是转移注意力。通过与小献一起组装他喜爱的积木进行角色扮演和互动游戏，转移其注意力，避免其一直沉浸在手术恐惧和焦虑情绪中。二是术前鼓励与陪伴。小献的父亲是小献的重要支持力量，手术前医务社工会通过语音或视频等方式向小献转告爸爸的鼓励，并陪同小献去手术等待区为其加油鼓劲。三是链接“仁者之心驿站”志愿服务队的心理咨询师，为小献及其父亲进行情绪疏导，通过面谈给小献输入希望，给予心理支持。

3. 通过脚部行为训练提升自我效能感

小献于5月16日从ICU病房转入普通病房。一方面，医务社工与小献的父亲进行沟通，告诉其在能够陪护小献的情况下，要多给小献补充营养，提高小献的身体素质，并在条件允许下陪同小献尝试走路，逐渐恢复其腿部运动能力；另一方面，医务社工与高校社会工作专家进行个案研讨后，告诉小献的父亲可适当给小献观看残奥会视频，分享残障人士的励志故事，树立榜样，引导其接纳自己的身体现状。此外，在病房探访中，社工会更重视引导小献用脚进行互动，训练其脚部能力。例如，在拼积木时，社工将说明书摆在小献面前，鼓励小献用脚把每个步骤所需要的零件找出来协助社工组装；阅读绘本时，会鼓励小献用脚翻阅书籍。

4. 对接乡镇社工为小献的家庭提供在地支持服务

4—6月小献在院治疗期间，小献的父亲长期在医院陪护，无暇顾及家中事宜。医务社工通过“湖南省基层社工站儿童健康服务和慈善医疗救助

直通车”项目对接了小献家所在地基层社工站的谢社工，由谢社工协助申请公益救助资源和开展家庭情况核查，并协助准备申请慈善项目所需要的相关证明材料。

（二）在家康复期间的社会工作服务

2022年7月，医务社工再次与乡镇社工站社工对接，由乡镇社工继续为小献提供出院后的社会工作服务。刚开始时，小献处于抵触和警惕状态，当听到社工提到自己在省儿童医院所熟悉的医务社工后才逐渐信任，愿意进行交流。乡镇社工为小献提供的服务主要有以下几个方面。

1. 协助申请低保，保障基本生活

2022年7月下旬，小献的父亲向村委会反馈相关情况，表示小献后续需要继续复查和康复治疗，医疗开销较大，家庭经济困难，想申请低保。在收到低保申请后，谢社工协助村干部和小献的父亲准备疾病诊断证明、发票和收据等相关资料，及时办理了开户证明。并随同民政局、乡镇及村干部一同前往小献家中入户核查，最终审核认定小献的家庭符合最新低保精准救助整户保的条件。社工还帮助小献的家庭在最短的时间内完成了低保审批流程。9月，小献一家被正式纳入整户保，并从9月起每月可领取990元的救助金，这在一定程度上保障了小献及其家庭的基本生活。

2. 提供心理疏导，促进社会适应与社会融入

在一次入户探访中，社工了解到，曾有位老人看见小献的手臂忍不住感叹：“哎呀，崽，手怎么变成这样了，可怜的孩子啊！”这样一句怜悯的话语让小献遭受打击，回家后其心情很低落。社工得知后，积极运用同理、鼓励等技巧安慰小献，告诉他：“我能感受到，当你听到那些话时，你可能会想起曾经的痛苦，会觉得伤心和难受。但是阿姨告诉你，我觉得你很棒。你能做很多我们做不到的事情，你会用脚拼积木。所以要相信，你的坚强和乐观已经很值得点赞了。”

每次入户探访时，社工都会通过沟通交流和游戏互动给予小献鼓励和肯定，并与小献约定，要记录自己用脚等其他身体部位做的事情，以增强其自信心和自我效能感。9月9日，社工再次探访时，小献便告诉社工自己可以用脚写字、穿衣服了，并现场给社工演示了用脚写自己的名字。在

社工的鼓励和夸赞下，尽管小献用脚握笔会有些颤抖、难以按住作业本，但还是坚持写完了自己的名字，并骄傲地问社工："看！我写完了，厉害吧?!"

3. 乡镇社工与医务社工联动，提升服务对象的自我效能

小献出院返家后，医务社工一直与其父亲保持微信联系，了解小献的近况，进行服务跟进。同时，医务社工也一直与乡镇社工保持沟通，讨论如何应对小献不断变化的问题和需求。在乡镇社工第二次入户探访时，医务社工通过微信与小献视频通话，称赞了小献出院后的积极改变和成长，并与乡镇社工一同为小献提供心理支持，鼓励他在日常的游戏互动和生活中多肯定自己，要相信自己可以战胜困难。

4. 积极进行个案研讨，寻找解决问题的方法

为给小献提供有效的专业服务，乡镇社工站的谢社工和张社工积极参与邵阳市社工站骨干人才培训，与民政厅委派的邵阳基层社工站联系点专家冯元、省儿童医院医务社工实习生小宋面对面地进行个案研讨，分析和探讨当前服务中所面临的问题，拓宽资源链接的渠道和探讨专业介入方法。同时，谢社工和张社工还与拥有多年特殊教育学校从教经验的冯元老师就特殊教育问题进行交流探讨，积极与小献的父亲沟通，寻找特殊教育学校资源，以便日后为小献提供相关服务。

五、总结评估

在院治疗期间的服务主要是运用目标核对法和压力量表前后测量进行评估。

一是经济支持方面。医务社工通过链接北京市仁爱慈善基金会、上海天使宝贝公益基金会和中华少年儿童慈善基金会等公益慈善资源，协助小献的父亲发起网络筹款，极大地减轻了治疗费用负担。

二是心理支持方面。医务社工通过游戏互动、绘本阅读和病房陪伴等服务，缓解了小献的焦虑、恐惧等消极情绪，从而提高了治疗依从性。同时，链接心理咨询师为小献及其父亲提供情绪疏导和心理建设服务。

三是压力舒缓方面。医务社工通过《照顾者压力量表》对小献的父亲

进行压力前后对比测量。测量结果显示，小献父亲的压力值由 11 分降至 4 分，压力得到舒缓。

在家康复期间的服务主要是运用目标核对法和任务完成情况进行评估。

一是协助申请低保，保障小献家庭的基本生活。乡镇社工协助小献的父亲准备申请资料，在最短的时间内完成低保审批流程。小献一家已于 9 月被正式纳入整户保，从 9 月起每月领取 990 元救助金。

二是乡镇社工与医务社工联动，促进小献融入社会。乡镇社工和医务社工通过鼓励，引导小献巩固正向行为、纾解负面情绪，为其融入社会打好基础。

六、专业反思

（一）专业技巧方法的运用

在本案例中，社会工作者要运用到许多专业的技巧和方法，以有效地建立专业关系、开展专业服务。第一，与服务对象建立信任关系是服务开始的基础。乡镇社工积极利用了与服务对象所熟悉的医务社工的关系，拉近了与服务对象的距离，使服务对象放下戒备心，接纳和信任自己。第二，积极运用支持和鼓励技巧，了解和感受服务对象的情绪和心理状态，通过专注聆听、语调温和、及时回应等表达支持。在日常互动中，鼓励、支持和肯定服务对象，缓解其不安和焦虑情绪，提升服务对象的自我效能感。第三，在为重度电击致残的服务对象提供服务时要给予充分的接纳、尊重和同理。要在服务前做好心理建设，避免在看到服务对象皮肤创面时出现紧张、害怕的表情或情绪。

（二）理论模式运用的实务反思

兼用危机介入和任务中心模式开展个案工作的过程中，一方面要重视在有限的时间内协助服务对象解决问题，并输入希望，通过提供支持以提升服务对象自我改变的能力和动力；另一方面要借助具体的沟通行动推动服务对象发生改变。在本案例中，乡镇社工通过与医务社工联动，与服务对象进行有系统、有反应的相互沟通，与服务对象及其监护人及时交流，明确了服务对象出院后面临的问题和需求，并按照难易程度进行排序和确定任务。同时，强调邀请服务对象及其监护人共同配合参与，通过鼓励、肯定等技巧的运用提升服务对象的自我效能感，巩固和强化服务对象自身有助于任务达成的态度和行为。

（三）乡镇社工站与医院社工部联动的实践价值

“湖南省基层社工站儿童健康服务和慈善医疗救助直通车”项目联动了乡镇社工站和医院社工部，为困境儿童救助提供了“全人+全程”的社会工作服务。一方面，医务社工在医院内为困境儿童链接公益救助资源，提供医疗政策咨询及社会工作专业服务，保障了困境儿童住院治疗期间能享受优质的医疗资源；另一方面，在乡镇社工与医务社工的联动服务下，能为出院返家后的困境儿童提供从医院治疗到出院后的涵盖“身-心-社”全方位的全过程服务。

案例来源：湖南师范大学 MSW 教育中心 宋雪玲
湖南省儿童医院社工部
邵阳市 D 县基层社工站

附录 B：社会救助小组工作案例

"舞导人生"
——精神和智力残障人士技能提升小组

一、背景介绍

H 市 W 区深入学习贯彻习近平总书记在参加十三届全国人大一次会议广东代表团审议时的重要讲话精神，营造共建共治共享的社会治理格局，以"牢记使命·扎根基层"为主题开创多个助残微项目，其中"舞导人生"就是唯一以艺术表演为主题的助残微项目。

社会工作者在助残服务中了解到，W 区部分精神和智力残障人士渴望接触舞蹈表演，希望通过展现自我的舞台贡献志愿力量回馈社会。在 W 区残联与天健社工中心的支持下成功组建了一支社区志愿服务队伍——"舞导人生"志愿服务队（以下简称"舞导人生队"），致力于满足这部分残障人士对艺术的追求，提升他们的志愿服务能力。在本次小组开展之前，舞导人生队已经在社区内有过一次舞蹈表演服务经历，但社会工作者在过程中观察到学员们的志愿服务技能还有较大的提升空间。同时，舞导人生队导师表示，虽然学员们能听从指挥、积极投入，但是学员之间的配合度和协调性还不够。基于此，社会工作者与舞导人生队导师以及学员们深入访谈，采取小组工作方法促进学员们的成长，发展其能力，帮助他们更好地融入社区。

二、分析预估

（一）掌握舞蹈表演技能的需求

精神和智力残障人士愿意通过舞蹈的形式为社区提供表演服务，也有舞台表演的经验，但由于舞蹈技能水平与临场发挥能力有限，导致他们在面对社区居民时会出现害羞、担忧、焦虑、畏惧等情绪，影响志愿服务的开展效果。

（二）提升团队协作能力的需求

由于精神和智力残障人士有身体与心理上的缺陷，在与人交流以及提供志愿服务时，学员之间配合默契程度不够，从而影响服务水平的提升。

（三）社区融入与互动的需求

精神和智力残障人士希望可以通过自己的能力回馈社会，更深层的意义在于他们希望通过这种形式与社区居民良性互动，得到社会群众的认可与支持。

三、服务计划

（一）小组理念

社会学习理论强调观察学习或模仿他人的行为从而获得改变，逐渐形成新的行为方式。小组工作中，每位成员都是一个资源库，在活动中他们会表达自我，分享自己的观点和经验。这样小组成员就能充分利用这个资源，从其他小组成员的表现中学习经验，形成适应性行为，在心理层面和行为层面达到一定的改变，从而激发自己的兴趣，使自身的能力得到提升。

（二）小组目标

一是链接专业舞蹈资源，提供安全专业的教学环境，为学员们进行舞蹈授课，提高其舞蹈技能。

二是提升团队合作能力。

三是提供社区实践平台，鼓励学员们走进社区，带动他们学以致用，并通过舞蹈和其他多种志愿服务形式在社区内帮助有需要的社区居民，提升学员们的自我价值感，促进他们融入社区。

（三）服务计划

活动节次	活动名称	活动内容
第一节小组	初次见面	1. 暖场游戏：击鼓传花 2. 组员、社工相互认识 3. 制定小组契约
第二节小组	舞蹈初印象	1. 观看舞蹈视频 2. 了解简单舞步
第三节小组	舞蹈技能提升课（一）	学习舞步基础
第四节小组	舞蹈技能提升课（二）	掌握舞蹈的组合混搭互动
第五节小组	舞蹈技能提升课（三）	掌握舞台站位与移位技巧
第六节小组	收获成长	复习与巩固

四、服务实施过程

（一）小组初期：组员初成长，舞蹈初印象

舞导人生队成员平时都是在不同的社区康园中心站点学习，同一康园中心的学员相互之间比较熟悉，不同康园中心的学员则较为陌生。因此，在第一次见面时，社会工作者主要引导学员们自我介绍，并认识社会工作者。

虽然组员在刚刚开始做自我介绍时感到害羞，显得沉默与被动，但是通过破冰游戏——“击鼓传花”打破了僵局，营造了轻松欢快的气氛，组员们的紧张感与陌生感得以消除。在社会工作者的鼓励下，组员们最终都能面对众人进行自我介绍，初步建立自信。接下来，社会工作者鼓励组员们分享对自己的期待与看法，以及了解组员对小组的期望。同时，社会工作者也向组员介绍本次小组的具体内容，确认组员能够理解社会工作者对本次小组的表述。在组员对小组整体目标有了清晰的认识后，社会工作者引导组员为达成目标制定小组规范，建立小组契约。最后，社会工作者通过游戏问题与观看不同形式的舞蹈表演视频，激发组员对舞蹈的兴趣和热情，促使组员关注小组的内容，形成舞蹈初印象。整个环节提升了组员们对本次小组的初步认识，增强了组员参与小组的动力。

（二）小组中期：学习加练习，提升舞蹈表演技能

1. 技能提升第一步：掌握舞步基础

首先，通过回顾小组内容，社会工作者引导组员将注意力放在小组活动上。然后，由社会工作者链接的志愿者老师从舞步的介绍与练习方法入手，进行专业的舞蹈技能授课。一开始组员们与老师之间并不熟悉，而且老师的语速与授课速度较快，组员们难以跟上老师的讲解节奏。

在这种情况下，社会工作者及时介入：一方面，引导老师理解精神和智力残障人士的接受程度的特殊性，让老师放慢语速和讲课的速度，及时了解学员们在学习中遇到的困难，尤其是在舞步实操中存在的疑惑，协助他们及时得到老师的回应，及时解决问题；另一方面，积极关注组员们在学习过程中的情绪变化。部分组员觉得舞步难学，自己掌握不了，显得不安与沮丧，社会工作者及时疏导他们的情绪，鼓励他们再接再厉，并引导他们慢慢练习跟上节奏。在老师与社会工作者的引导下，组员们从对一支舞蹈的理解、节拍、舞步的实操等几个方面分享学习心得体会。大部分组员表示，通过学习，对音乐的节奏熟悉了，舞步也慢慢跟上了，已大致掌握基础的舞步技巧。

2. 技能提升第二步：掌握舞蹈的组合混搭互动

通过现场教学的形式，老师为组员讲解了如何与自己的舞伴互动的技巧。社会工作者还组织志愿者帮助组员进行实操练习，因为组合混搭互动对组员的应变能力与手脚灵活能力要求较高，学习的难度也更大。在学习初期，组员们因为学习上的难度导致小组参与的热情大大降低。在了解到组员的畏难情绪后，社会工作者及时与老师沟通，并调整学习的难度和学习方案。此外，社会工作者积极鼓励组员迎难而上，肯定他们的学习成果，使其有勇气继续尝试学习，让组员的注意力回归现场教学中。

3. 技能提升第三步：掌握舞台站位与移位技巧

经过几次小组的学习排练，组员们掌握了舞步实操和组合混搭互动，最后需要掌握的就是舞台站位与移位技巧。老师继续通过现场教学的形式为组员讲解舞台站位与移位的知识，为提高组员的参与热情，老师在讲解

过程中通过“一对一”的教学环节，让组员能够更加清晰地掌握学习内容。

在学习过程中，社会工作者发现个别组员因为站位问题出现争执，其他组员则在一旁沉默不敢出声。在这种情况下，社会工作者及时协调和处理冲突，运用角色扮演的方法复制刚才发生的冲突情景，增进组员的自我了解和对他人处境的理解。同时，营造一种开放的气氛，鼓励其他学员分享和表达感受，化解他们的不安与焦虑。经过社会工作者的处理，小组成员逐渐重新将注意力放回到小组上。在实际排练环节，社会工作者鼓励组员们在遇到困难和突发情况时寻求其他组员的帮助和支持，学会通过团队的方式去解决困难。这一环节让组员们慢慢学会了互相鼓励与支持，每个人在小组中都有尝试的机会，小组关系走向紧密的同时组员们的自信心得到增强。

（三）小组后期：复习巩固，收获成果

社会工作者带领组员回顾本次小组历程和舞蹈实操技巧，加深组员在本次小组中所学内容的印象，进一步巩固已有的进步。在社会工作者的组织下，“舞导人生队”需要通过现场表演的形式接受老师的考核。通过最后的考核环节，组员们在实践中巩固了舞蹈专业知识，同时也让组员们对技能水平有了清晰的认识和客观的评价。组员们在分享这一次小组的学习体会时表示，非常感谢老师的专业指导，老师的教导和社会工作者的鼓励使他们对舞蹈、对自己有了新的认识，也可以在社区志愿服务中更加自信地为居民提供更好的表演。现场考核和前后侧问卷调查显示，组员们在舞蹈技能上取得了很大的进步，表现出很强烈的参与社区志愿表演服务的意愿，而且对自身的能力更有信心。本次小组学习活动为后续的社区志愿实践打下了扎实的基础。

五、小组评估

（一）服务对象参与度高

参与度评估主要通过报名人数以及出席活动人数之间的比例进行。本小组分为 6 节，每节出席率分别为 100%、98%、96%、75%、87%、

100%，总平均出席率92.67%，保证了较高的出席率，其中有13人连续6节参与小组。

（二）过程评估：活动形式具有吸引力，活动有延续性

专业舞蹈老师的现场授课和有趣的舞蹈学习方式，受到了组员们的喜爱。对于项目初次开展的小组，将兴趣性与教育性、发展性的内容相结合，可以在活动过程中发现组员的需求，促进小组目标的达成。作为小组的延伸及扩展，在小组的后期，社工鼓励小组成员可以参与社区志愿服务队的服务，将队员的表演才艺在社区展现，服务更多社区的居民，给居民带去更多欢乐。

（三）成果评估：小组目标基本达成

通过6节小组活动，组员们对舞蹈有了更多认识，舞蹈技能水平有了很大提升；并且组员们表示，他们曾是无助的特殊群体，现在十分愿意将所学到的舞蹈才艺融入志愿服务。看着“舞导人生队”在台上优美的舞姿和散发出的自信的光芒，谁能会想到他们曾经因为害怕别人异样的眼光而长期不敢踏出家门，因为自卑、脆弱的心灵而拒绝与他人相处和交流?!在组员们眼里，表演能让他们的生活更加丰富，能让他们收获不一样的自我。对本次小组活动，组员们给予了很大的支持和肯定，对工作人员的表现也给予赞赏。

（四）组员的后续成长和改变

组员之一小X，23岁，精神三级残疾，自被人嘲笑后，她觉得自己和健康人是不一样的，于是在心里画了个圈把自己封闭起来，抗拒与人接触。小X心里的这道坎，也是横在其他队员心里的一道坎。自加入“舞导人生队”后，小X与其他组员的精神面貌有了很大变化，懂得接纳自我与融入群体生活，不仅找到了同伴，更找到了自信与温暖。“舞导人生队”的每一个表演节目都需要花费比常人更长的时间去学习与排练。“刚开始接触舞蹈，组员没有任何音乐基础，节拍不准确，练习好一组动作至少要花一个小时。”授课老师说。在训练过程中遇到难度较大的动作时，老师便停下音乐让大家反复练习，完成一支舞蹈大概需要训练一到两个月。如今，“舞导人生队”已经能跳出手语舞、健身舞等形式的舞蹈，还丰富了表演形式，学会了唱歌、小品、T台秀等。

在练习休息的间隙，组员们彼此鼓励，操场上不时传出阵阵欢笑声。“排练一点儿也不累，我喜欢跟我的伙伴一起跳舞，我希望通过努力给大家带来好看的表演。”组员小L说。“舞导人生队”的成立，既满足了残障人士对艺术的梦想，也为他们提供了一个平台，使他们从被帮助的“弱者”成为奉献社会的“强者”。现在，“舞导人生队”已有超过一半组员注册成为正式的志愿者。除了义演，“舞导人生队”还会为社区有需要的特殊群体提供暖心服务，如在节日亲自制作汤圆上门探访重残人士。“组员们希望能参加更多有意义的志愿服务活动，”负责活动的社会工作者说，“在助人过程中，组员们学会了感恩，成为快乐与正能量的传播者，以爱回馈社会。”

六、专业反思

（一）妙用专业技巧，发挥社工专业角色作用

在开展本次小组工作期间，社会工作者充分发挥引导者、支持者、资源链接者、鼓励者、组织者、协调者等专业角色作用。

在小组前期，社会工作者积极链接专业舞蹈老师为组员授课，与组员建立专业关系，制定小组契约，鼓励组员表达自己对小组的期望，促进组员对小组产生热情、兴趣。在小组中期，社会工作者协助组员订立可执行的计划，鼓励他们通过团队协作向整体目标前进，促进他们提升舞蹈技能，并创造一个以小组为中心的解决问题的环境，以更好地实现小组目标。在小组结束期，社会工作者鼓励、肯定小组成果，帮助组员建立自信心，对离开小组后的生活充满信心，引导组员处理好离别情绪，并组织各类舞蹈表演活动巩固小组成果。在整个小组过程中，社会工作者能够灵活运用鼓励、引导、同理、回应技巧，促进成员对整个小组内容的掌握，帮助他们更好地融入小组。

（二）把握并满足需求，强化组员个人价值

社会工作者紧紧围绕组员的需求、小组的需求有针对性地设计小组内容，组员同质性高，活动效果较好。完成一整支舞蹈，对组员们的学习理

解能力、记忆能力与手脚协调能力的要求是相对较高的。虽然老师和社工挑选了相对简单的舞蹈进行授课，但仍然不可避免地出现组员学习困难和学习热情消退的情况。所以，社工要密切注意小组成员的心理变化，及时疏导他们的情绪，鼓励他们再接再厉，并关注他们对舞蹈的理解与掌握程度，及时进行梳理与引导，这样组员的自信心与自我个人价值感才能在小组中逐步得到构建与强化。

（三）学习结合实践，组员收获更美好的自己

经过本次小组活动，组员们掌握了一定的舞蹈技能，但是如果不能定期巩固练习，对于精神和智力残障人士来说会很容易遗忘。因此，小组结束后，社会工作者依托“舞导人生”微项目平台和社区助残志愿服务平台，在社区内定期开展志愿服务活动，进一步增强组员对舞蹈技能的运用和持续性的锻炼，最终促进了精神和智力残障人士的社区融入并提升了其个人能力。

案例来源：江门市江海区天健社会工作综合服务中心

社工中国网（中国社会工作联合会官方网站）

社工客（微信公众号）

附录 C：社会救助社区工作案例

乡村振兴背景下的乡村书屋创建与儿童服务

2013 年 11 月 3 日，习近平总书记来到湖南省湘西土家族苗族自治州花垣县排碧乡十八洞村，在与村干部和村民代表座谈时首次提出“精准扶贫”，要求扶贫工作要实事求是、因地制宜，要精准扶贫。此后，“精准扶贫”思想在湘西的土地上传播开来，激励着湘西人民积极参与扶贫脱贫行动。中共中央、国务院分别于 2018 年和 2021 年印发《乡村振兴战略规划（2018—2022 年）》和《关于全面推进乡村振兴加快农业农村现代化的意见》，“乡村振兴”又成为湘西人民全力奋斗的新目标。在此社会背景下，地处湘西偏远山区的泸溪县小陂流村，有一位双腿先天残疾的村民向民志积极投身乡村振兴之中，自捐房屋创建乡村书屋，引导和陪伴留守的孩子们读书和活动。在近 5 年的乡村志愿服务中，向民志得到来自政府、高校、企事业单位、社会组织及爱心人士的支持，促使其创建的乡村儿童书屋扩展为“多元共建”的乡村书屋，为发展儿童福利事业和弘扬志愿服务精神提供了新的实践案例和典型经验。

一、背景概述

2015 年，中共中央、国务院下发《关于打赢脱贫攻坚战的决定》，在“脱贫攻坚”的大背景下，泸溪县小陂流村地处湘西山区，地理区位条件差，产业基础薄弱，农田土地资源稀缺，村里 80% 的中青年劳动力都外出打工。由此，小陂流村成为一个典型的“留守人口”村，其中因父母外出而留守在家的儿童成为一个亟待关心和保护的重点群体。村民向民志注意到村里的孩子们在缺乏父母的关爱、督促和教育支持的情况下，学习状况普遍不好，性格行为散漫，还容易遭遇交通意外、溺水、欺凌等风险。他因为双腿先天残疾无法像正常人一样行动，但他受惠于早年的刻苦学习和良好教育使自己有能力成为“为社会所用”的实践，让他强烈意识到加强村里孩子们的教育和陪护是促进他们健康成长和阻断村庄穷根、实现乡村振兴的根本路径。2017 年，向民志通过多方呼吁和筹集款项，将自己的房子改建为乡村儿童书屋，取名为“明志书屋”，其意为“读书明礼、励志成才”，就是希望通过构建儿童阅读空间，让村里的包括留守儿童在内的所有孩子来书屋阅读和活动，为他们营造快乐学习和健康成长的友好环境。

二、主要措施

起初，明志书屋主要是由村民向民志在社会多方支持下自主创建的儿童阅读和活动空间，其自身也是以志愿者身份自发担任书屋的管理者和孩子们的守护者。但随着政府和社会关注增多，各方力量开始加入书屋建设和服务中，而明志书屋逐步扩展为乡村振兴学习书屋、绿色低碳图书馆、农家书屋以及儿童之家，进而成为“共建共治共享”的乡村公益服务空间和儿童服务阵地。

（一）舍小家为大家：捐屋创建乡村书屋

向民志基于自身强烈的乡村振兴使命感和关爱乡村孩子成长的责任感，将利用自己的文学素养优势出版的《湘西木叶情歌》和《湘西情歌》所得 8 万元稿费全部用作筹建书屋经费。2017 年，他将自己的房子改建为乡村儿童书屋，取名为“明志书屋”。书屋建成后，当地政府、爱心企业和爱心人士捐送了书架、书桌和椅子以及各类儿童读物。目前，书屋有 1.2 万册图书，既有适合儿童阅读的课外读本和课程学习资料，也有适合村民朋友的农业技术、健康养生、文化休闲方面的图书。随着各方力量支持的增多和加大，向民志将自己富有湘西民族建筑特色的木瓦房贡献出来，相继创建了低碳图书馆、乡村振兴学习书屋，将链接到的一些服务乡村产业发展、生态环保、农业技术、健康养生等图书资料面向全体村民及社会开放。

（二）用大手拉小手：共护乡村儿童成长

2016 年，国务院下发《关于加强农村留守儿童关爱保护工作的意见》

和《关于加强困境儿童保障工作的意见》，将农村留守儿童和困境儿童关爱保护工作纳入各级政府的中心工作，并着力构建家庭、政府与社会多元主体参与的儿童关爱保护体系。2018年，国家进一步推进基层儿童福利工作网络和队伍建设工作，要求每个乡镇（街道）配置儿童督导员，每个村（社区）配置儿童主任，每个村（社区）要建立儿童之家。在此背景下，泸溪县民政局经过实地调研和多次论证，遵循儿童利益优先原则，对小陂流村设置的“明志书屋”按照政策配套了一部分运营经费。在儿童之家的运作中，向民志实际上以志愿者身份兼任了“儿童主任助理”的角色，他一方面负责儿童之家的日常管理，另一方面负责收集困境儿童和留守儿童的档案信息并及时跟进重点儿童的服务。此外，2018年湖南省民政厅启动“禾计划”乡镇（街道）社会工作站建设项目，在每个乡镇（街道）设置社工站，配置1~2名驻站社工，在协助开展民政救助工作的同时，重点开展儿童关爱保护、社区建设等工作。为支持创建乡镇（街道）社工站、建设省级示范区县，泸溪县聘请了湖南师范大学社会工作硕士教育中心的冯元老师担任泸溪县的指导专家。由此，来自高校的专家和乡镇驻站社工对向民志及儿童之家的儿童服务提供专业支持，共同探索提升儿童服务的专业水平和工作成效。2021年2月，在当地社工站的协调下，泸溪县民政局、关工委、团委、妇联等部门与湘西州飞越社工服务中心和长沙善行社会工作服务中心一同在明志书屋联合举办了“书香涌泳 润泽心灵”阅读分享会。

（三）汇大爱结心网：共建乡村公益平台

明志书屋主人的大爱善举及书屋在解决农村留守儿童面临的父母陪伴缺失和社会关爱不足等问题的显著成效，特别是村民向民志保护这些缺乏足够家庭监护的乡村孩子免受溺水、流浪、沉溺网络等风险及促进他们学习兴趣激发和身心健康成长的初心，让很多人深受感动，滋养了公益精神。当地民政部门和乡镇社工站积极运用“社区+社会组织+社会工作”的“三社联动”手法，充分发挥社会工作在资源链接、活动策划、福利传递方面的专业能力优势，积极协助明志书屋争取各方的资源和服务支持。先后有省内外15家机关事业单位、5家爱心企业和6家社会组织及部分爱心人士向明志书屋捐赠物资和资金，物资包括书籍、玩具、运动器材、学习用品、电脑、书屋设备等。其中，湘西州疾控中心于2021年9月捐赠7000元书屋改造经费，北京市向荣公益基金会于2021年6月捐赠1台打印机、4个书架、480册图书及部分益智玩具。这些物资和资金的捐赠支持，为明志书屋由面向儿童提供阅读学习服务向面向全体村民提供公益服务的乡村公益平台转型升级提供了重要条件。如何将承载着社会关爱和公益精神的物资和资金转化为乡村儿童和村民可及、可用、有效的服务，则是社会工作的专长所在。在当地乡镇社工站的引导下，深圳市点亮心光社会工作服务中心、湘西州牵手社会工作服务中心等5家社会工作服务机构来到明志书屋面向孩子和家长举办读书会、亲子游戏、儿童保护知识宣讲、儿童照顾技巧培训等服务活动，促使明志书屋成为孩子和村民的公共活动空间和身心服务站，也成为单位和个人党建活动平台和志愿服务站。

三、服务成效

自2017年明志书屋创建运行以来，基本保持了全年开放的状态，秉持“以儿童为中心”的理念，每天6点准时开放，服务到最后一个孩子离开才关闭书屋。据粗略统计，书屋平均每天服务超过20人次，每天开放超过10个小时，在寒暑假及周末书屋有时开放到晚上11点多。明志书屋已经成为村里孩子最喜爱的去处，很多孩子由此爱上了阅读和学习。自明志书屋建立以来，村里孩子的逃学厌学、玩水溺水、沉溺网络等现象明显减少，家长与孩子间的关系更加良性发展。在明志书屋服务的孩子中，已有1名学生考入湖南科技学院，1名学生考入专科大学，2名学生考入泸溪县一中，另有一位酷爱阅读的孩子在《小溪流》发表作品，这些优秀孩子成为村里孩子努力学习的重要榜样。

明志书屋主人向民志作为“板凳上的乡村书屋守护者”，其志愿服务行动和大爱精神得到社会的关注和肯定。2018年，湖南省新闻出版广电局、湖南省妇女联合会授予明志书屋“2017年湖南省书香之家”称号；2018年，国家新闻出版广电总局授予明志书屋“第三届全国书香之家”称号；2020年，向民志被评为湘西自治州第五届道德模范。明志书屋的乡村服务典型经验先后得到中央电视台（CCTV-13）、湖南经视频道、湘西州电视台以及《湖南日报》《潇湘晨报》等媒体的报道，积极向社会传播了正能量。

四、小结

本案例是社会工作参与乡村振兴和乡村服务的最鲜活材料。残疾村民向民志自捐房屋创建乡村儿童书屋，后在社会工作专业团队和当地民政部门的协同努力下，外结资源、内实服务，促使乡村书屋扩展成为负有儿童福利工作职能的儿童之家和提振乡村文化的乡村振兴学习室等，丰富和充实了社区公共活动空间和乡村公益服务平台。向民志自身也在社会工作者的引领下由社会救助保障者转变为社会服务提供者，并逐步向专业社会工作者转型成长。

案例来源：湖南师范大学 MSW 教育中心 冯元
泸溪县民政局
泸溪县社工总站

后 记

2020年10月，民政部在湖南长沙召开加强乡镇（街道）社会工作人才队伍建设推进会，拉开了我国乡镇（街道）社工站全面建设的序幕。“乡镇（街道）社工站全覆盖”被列入国家发布的《“十四五”时期民政事业发展规划》，可以预见，社工站将成为乡镇（街道）、村（社区）推进社会工作服务事业的载体。在此背景下，我们作为湖南“禾计划”乡镇（街道）社工站建设事业的亲历者和见证者，深感有责任结合地方经验，汇编一部对全国各地社工站驻站社工具有指导意义的服务手册。

我们知道，当前各地社工站驻站社工多以非专业教育背景人员为主体，他们的社会救助理论学习与实践训练非常匮乏，因而“如何提升社工站驻站社工参与社会救助的能力建设”是各地面临的共同现实问题。在此背景下，在湖南省民政厅慈善事业促进和社会工作处姜波处长、张盈盈主任，长沙市民政局慈善事业促进和社会工作处喻莎处长等领导的关心指导下，长沙市社会工作协会精心策划了“乡镇（街道）社工站实务丛书”的编写工作。湖南师范大学社会工作硕士（MSW）教育中心的师生有幸承担了《社工站救助社会工作怎么做》一书的编写工作，由中心主任孙建娥教授和冯元博士主持，10名研究生参与。具体分工为：冯元、张享负责第1章编写，孙建娥、段心怡、杨洁负责第2章编写，冯元、陆浩龙负责第3章编写，冯元、宋雪玲、左芯位负责第4章编写，孙建娥、何艺、段心怡负责第5章编写，冯元、许想负责第6章编写，孙建娥、李金昊负责第7章编写，孙建娥、王琛负责第8章编写。

本书凝聚了乡镇（街道）社工站驻站社工们的实践智慧和工作成果，正是有了他们的辛勤耕耘和默默奉献，才使得本书有了鲜活的案例素材和富含借鉴意义的服务经验。在此特别感谢陈志龙、贺晓淳、贺雯、贺腾飞、黄佳凡、黄冬兰、胡鑫、刘希、李强、李羽薇、罗晴、苏阳、陶燕、熊君、银芳芳、朱振斌等社工站建设与服务阵线的社工同人们的支持。也特别感谢长沙市岳麓区社工总站、天心区南托街道社工站、宁乡市社工总站、浏阳市洞阳社工站，邵阳市社工总站，湘西州泸溪县社工站、永顺县社工站等基层社工站点的大力支持。同时，还要感谢湖南唯实公共服务评估中心李焱林主任、怀化市民政局慈善事业促进和社会工作科张忠民科长、湖南人文科技学院社会工作系袁明主任等对本书编写提纲的专业建议。最后，感谢中国社会出版社为本书出版提供重要平台，感谢张迟、董凯丰等编辑团队对本书的精心指导和辛苦付出。

民生无小事，枝叶总关情。真切希望本书能为一线社工站社工、政府相关工作人员和社会公众提供有效的理论、政策和实践指引，也希望乡镇（街道）社工站建设能够走出一条具有中国特色的本土化社会工作发展道路！

本书编委会